VeloRoute SaarLorLux

Im Dreiländereck zwischen Saarbrücken, Trier, Luxemburg und Metz

Ein original *bikeline*-Radtourenbuch

Esterbauer

bikeline®-Radtourenbuch
VeloRoute SaarLorLux
© 2005-2009, **Verlag Esterbauer GmbH**
A-3751 Rodingersdorf, Hauptstr. 31
Tel.: +43/2983/28982-0, Fax: -500
E-Mail: bikeline@esterbauer.com
www.esterbauer.com
2., überarbeitete Auflage 2009
ISBN: 978-3-85000-193-9

Bitte geben Sie bei jeder Korrespondenz die Auflage und die ISBN an!

Erstellt in Kooperation mit der Tourismus Zentrale Saarland und dem CDT Comité Départemental duTourisme de la Moselle

Dank an alle, die uns bei der Erstellung dieses Buches tatkräftig unterstützt haben, im besonderen an: M. Weinhold; T. Winter; H. Lapp; Fam. Detlinger, Bielefeld; H. u. A. Schipper, Mülheim a.d. Ruhr; K. Peterson, Bensheim; K. u. T. Bach, Nauendorf; A. Hausberg; J. Gerard; M. u. P. Winkels, Wuppertal

Das *bikeline*-**Team:**
Heidi Authried, Beatrix Bauer, Michael Bernhard, Michael Binder, Veronika Bock, Karin Brunner, Sandra Eisner, Roland Esterbauer, Angela Frischauf, Gabi Glasstetter, Dagmar Güldenpfennig, Carmen Hager, Heidi Huber, Martina Kreindl, Eveline Müllauer, Gregor Münch, Niki Nowak, Julia Pelikan, Petra Riss, Erik Schmidt, Gaby Sipöcz, Matthias Thal, Claudia Tscheuschner, Martin Wischin, Wolfgang Zangerl.

Umschlagbilder: Tourismuszentrale Saarland
Bildnachweis: Birgit Albrecht: 46; Com. d'Agglo. Sarreguemines Confl.: 10, 20; Landesverkehrsamt Luxemburg: 12, 52, 54, 56, 60; Mosellandtouristik: 40; Photos CDT Moselle / JC KANNY: 49; Saar-Obermosel-Touristik: 11, 73, 75, 78, 79; TI Trier: 66, 68, 69, 70, 72; Tourismuszentrale Saarland: 16, 18, 80, 82, 86, 90, 96, 98, 102; Veronika Bock: 6, 7, 8, 22, 26, 28, 36, 38, 40, 42, 48, 59, 62, 64, 87, 94, 100

bikeline® und *cycline*® sind eingetragene Warenzeichen; Einband patentrechtlich geschützt. Alle Daten wurden gründlich recherchiert und überprüft. Erfahrungsgemäß kann es jedoch nach Drucklegung noch zu inhaltlichen und sachlichen Änderungen kommen. Alle Angaben ohne Gewähr. Alle Rechte vorbehalten. Kein Teil dieses Buches darf in irgendeiner Form ohne schriftliche Genehmigung des Verlages reproduziert oder unter Verwendung elektronischer Systeme verarbeitet, vervielfältigt oder verbreitet werden.

Dieses Buch wird empfohlen von:

FDNF Fahrradtouristik GbR

bikeline

Was ist bikeline?

Wir sind ein Team von Redakteuren, Kartografen, Geografen und anderen Mitarbeitern, die allesamt begeisterte Radfahrerinnen und Radfahrer sind. Ins „Rollen" gebracht hat das Projekt 1987 eine Wiener Radinitiative, die begonnen hat Radkarten zu produzieren. Heute tun wir dies als Verlag mit großem Erfolg. Mittlerweile gibt's bikeline® und cycline® Bücher in fünf Sprachen und in vielen Ländern Europas.

Um unsere Bücher immer auf dem letzten Stand zu halten, brauchen wir auch Ihre Hilfe. Schreiben Sie uns, wenn Sie Unstimmigkeiten oder Änderungen in einem unserer Bücher entdeckt haben.

Wir freuen uns auf Ihre Rückmeldung (redaktion@esterbauer.com),

Ihre bikeline-Redaktion

Vorwort

Lernen Sie gerne abwechslungsreiche schöne Landschaften, interessante Städte und idyllische Orte kennen? Trinken Sie gerne guten Wein? Würden Sie diese Erlebnisse gerne mit einer Radtour verbinden? Dann ist die VeloRoute SaarLorLux genau das Richtige für Sie! Hier können Sie die wunderbaren Flusslandschaften und umliegenden Weinberge an Saar und Mosel durchfahren, Sie lernen die lothringischen Seen ebenso kennen wie das liebliche Sauertal. Beeindruckende Zentren wie Saarbrücken, Metz, Luxemburg und Trier liegen ebenso an der Strecke als auch verträumte kleine Städte wie z. B. Saarburg, Sarreguemines oder Echternach. Unterwegs in dieser Weingegend ist es fast unmöglich, nicht einmal einen guten Tropfen zu verkosten. Und den sollten Sie sich auch schmecken lassen, denn bei dieser Tour haben Sie ihn sich wirklich verdient!

Präzise Karten, verlässliche Wegbeschreibungen, zahlreiche Stadt- und Ortspläne, Hinweise auf das kulturelle und touristische Angebot der Region und ein umfangreiches Übernachtungsverzeichnis – in diesem Buch finden Sie alles, was Sie zu einer Radtour entlang der VeloRoute SaarLorLux brauchen – außer gutem Radlwetter, das können wir Ihnen nur wünschen.

Kartenlegende (map legend / Légende cartographique)

* Auswahl selection / sélection

Die Farbe bezeichnet die Art des Weges:
The following colour coding is used / La couleur représente la nature du chemin

- **Hauptroute** main cycle route / Route principale
- **Radweg / autofreie Hauptroute** cycle path / main cycle route without motor traffic / piste cyclable / route principale sans circulation automobile
- **Ausflug oder Variante** excursion or alternative route / excursion ou variante
- **Radweg in Planung** planned cycle path / piste cyclable en projet

Strichlierte Linien zeigen den Belag an:
The surface is indicated by broken lines / les lignes interrompues désignent la nature du revêtement:

- **asphaltierte Strecke** paved road / chaussée goudronnée
- **nicht asphaltierte Strecke** unpaved road / chaussée non-goudronnée
- **schlecht befahrbare Strecke** bad surface / chaussée difficilement cyclable

Punktierte Linien weisen auf KFZ-Verkehr hin:
Routes with vehicular traffic are indicated by dotted lines / les lignes pointillées indiquent la densité de circulation

- **Radroute auf mäßig befahrener Straße** cycle route with moderate motor traffic / chaussée cyclable sur route modérément fréquentée
- **Radroute auf stark befahrener Straße** cycle route with heavy motor traffic / chaussée cyclable sur route fortement fréquentée
- **Radfahrstreifen** cycle lane / voie cyclable

Maßstab 1 : 75.000 Échelle 1 : 75.000
1 cm ≙ 750 m   1 km ≙ 13,3 mm

0 1 2 3 4 5 6 7 8 9 10 11 12 13 14 15 km

- **stark befahrene Straße** road with heavy motor traffic / route à forte circulation
- **starke Steigung** steep gradient, uphill / pente raide
- **leichte bis mittlere Steigung** light gradient / pente douce à moyenne
- **3** **Entfernung in Kilometern** distance in km / distance en kilomètres
- **Routenverlauf** cycle route direction / sens de l'itinéraire
- **Schönern** **sehenswertes Ortsbild** picturesque town / localité pittoresque
- **( )** **Einrichtung im Ort vorhanden** facilities available / facilités présentes dans l'agglomération
- **Hotel, Pension; Jugendherberge** hotel, guesthouse; youth hostel / Hôtel, pension, auberge de jeunesse
- **Campingplatz; Naturlagerplatz*** camping site; simple tent site / aire de camping, site de campement naturel
- **Tourist-Information** tourist information / information touristique
- **Einkaufsmöglichkeit*; Kiosk*** shopping facilities; kiosk / possibilité de faire des achats; kiosque
- **Gasthaus; Rastplatz*; Unterstand*** (restaurant, resting place, covered stand / restaurant; aire de repos*; abri couvert*)
- **Freibad; Hallenbad** outdoor swimming pool; indoor swimming pool / piscine découverte; piscine couverte

---

- **sehenswerte Gebäude** buildings of interest / bâtiments intéressants
- **Museum; Ausgrabungen** museum; excavation / musée, fouilles archéologiques
- **Mühle** **andere Sehenswürdigkeit** (other place of interest / autre curiosité)
- **Tierpark; Naturpark** zoo; nature reserve / zoo; réserve naturelle
- **Aussichtspunkt** panoramic view / point de vue panoramique
- **Fähre** ferry / bac
- **Werkstatt*; Fahrradvermietung*** bike workshop; bike rental / garage pour cycles; location de bicyclettes
- **überdachter ~*; abschließbarer Abstellplatz*** covered ~; lockable bike stands / dépôt de bicyclettes couvert; verrouillable
- **Gefahrenstelle; Text beachten** dangerous section, read text carefully / section dangereuse, lire attentivement le texte
- **Treppe*; Engstelle*** stairs; narrow pass, bottleneck / escaliers; passage étroit
- **X X X Rad fahren verboten** road closed to cyclists / interdiction de faire de la bicyclette

In Ortsplänen: in city maps / sur les plans de ville:

- 🅿 🅿 Parkplatz*; Parkhaus* parking lot; garage / parking; parking couvert
- ✉ ⚕ 🏥 Post*; Apotheke*; Krankenhaus* post office, pharmacy, hospital / poste; pharmacie; hôpital
- F 🚓 🎭 Feuerwehr*; Polizei*; Theater* fire-brigade; police; theatre / pompiers; police
- ⛪ Kirche; Kapelle; Kloster church; chapel; monastery / église; chapelle; monastère
- 🏰 Schloss; Burg; Ruine castle; ruins / château; château fort; ruine
- 🗼 Turm; Funkanlage tower, TV/radio tower / tour, antenne de radio/TV
- ⚡ Kraftwerk; Umspannwerk power station; transformer / centrale; poste de transformation
- 🌀 Windmühle; Windkraftanlage windmill; windturbine / moulin à vent; turbine à vent
- ✝ ✕ Wegkreuz; Gipfel wayside cross; peak / croix de chemin; sommet
- ⚒ 🗼 Bergwerk; Leuchtturm mine; lighthouse / mine; phare
- ⚽ 🗿 Sportplatz; Denkmal sports field; monument / stade; monument historique
- ✈ Flughafen airport; airfield / aéroport
- ⚓ Schiffsanleger boat landing / accostage de bateaux
- 💧 Quelle; Kläranlage natural spring; purification plant / source; station d'épuration

Staatsgrenze international border / frontière internationale

Grenzübergang border checkpoint / poste de frontière

Landesgrenze country border / frontière régionale

Wald forest / forêt

Felsen rock, cliff / rocher

Vernässung marshy ground / terrain humide

Weingarten vineyard / vignoble

Friedhof cemetary / cimetière

Watt shallows / bancs de terre découverts à marée basse

Dünen dunes / dunes

Wiesen*, Weiden* meadows / prairies, pâturages

Damm, Deich embankment, dyke / barrage, digue

Staumauer, Buhne dam, groyne, breakwater / mur de retenue, brise-lames

Schnellverkehrsstraße motorway / autoroute

Hauptstraße main road / route principale

Nebenstraße minor road / route secondaire

Fahrweg carriageway / chemin carrossable

Fußweg footpath / sentier

Straße in Bau road under construction / route en construction

Eisenbahn m. Bahnhof railway with station / chemin de fer avec gare

Schmalspurbahn narrow gage railway / chemin de fer à voie étroite

Tunnel; Brücke tunnel; bridge / tunnel; pont

Inhalt

3	Vorwort	
4	Kartenlegende	
6	VeloRoute SaarLorLux	
13	Zu diesem Buch	
15	Von Saarbrücken nach Metz	196,5 km
30	Abstecher nach Delme	3 km
41	Von Metz nach Luxemburg	98 km
55	Von Luxemburg nach Trier	80,5 km
71	Von Trier nach Saarbrücken	102 km
91	Von der Saar zur Mosel auf dem Saarland-Radweg	103,5 km
104	Übernachtungsverzeichnis	
112	Ortsindex	

5

VeloRoute SaarLorLux

Auf Initiative des saarländischen Ministers für Wirtschaft, Dr. Hanspeter Georgi, und mit Unterstützung seiner Kollegen aus Rheinland-Pfalz und Luxemburg, Minister Hans-Artur Bauckhage und Minister Fernand Boden, sowie dem Präsidenten des Genralrates des Départements Moselle, Philippe Leroy, wurde die Idee eines Radweges geboren, der die Städte Saarbrücken, Trier, Luxemburg und Metz miteinander verbindet. Eine entscheidende Rolle bei der konzeptionellen Arbeit haben die Fahrradverbände der Regionen, unter der Federführung des ADFC Saar, geleistet. Ziel des Projektes ist es, mit der Besonderheit der Lage im Dreiländereck Deutschland/Frankreich/Luxemburg möglichst viele Radfahrer zu gewinnen. Das Fahrrad ist das ideale Verkehrsmittel, um die landschaftlichen Schönheiten und kulturellen Angebote des Dreiländerecks sowie die unterschiedlichsten Städte und Dörfer hautnah zu erleben.

Streckencharakteristik

Länge

Die Länge der VeloRoute SaarLorLux beträgt rund **477 Kilometer**. Die Alternative auf dem Saarland-Radweg ist **103,5 Kilometer** lang. Varianten und Ausflüge sind dabei ausgenommen.

Wegequalität & Verkehr & Steigungen

Die VeloRoute SaarLorLux verläuft zum Großteil auf Nebenstraßen und ausgebauten Radwegen entlang der Flüsse Saar, Mosel und Sauer. In Lothringen kommen unbefestigte Abschnitte auf Waldwegen vor.

Auf Verkehr treffen Sie vor allem in den Städten und teilweise auch auf den Landstraßen im Gebiet vor Metz, wo es noch fast noch keine straßenbegleitenden Radwege gibt. Die Route verläuft aber zu 80% abseits von verkehrsreichen Straßen.

Entlang der Flüsse Saar, Mosel und Sauer ist der Routenverlauf flach. In Lothringen

kommen zu Beginn zwischen Rhodes und Vic-sur-Seille leichte Steigungen vor und zwischen Vic und Corny-sur-Moselle gibt es neben den leichten auch ein paar stärkere Anstiege. Auf sehr starke Steigungen treffen Sie auf dem Weg von der Mosel nach Luxemburg und bei der Ausfahrt aus Luxemburg auf der Rue Fond St. Martin.

Beschilderung

Die Route ist noch nicht durchgehend beschildert. Von Saarbrücken bis Sarreguemines

können Sie den Radschildern des Saarland- und des Saar-Radweges folgen, danach den regionalen französischen Schildern entlang der Saar. Am Canal des Houllières de la Sarre treffen Sie ebenfalls auf regionale Beschilderung. Sobald die Route den Canal verlässt, folgt sie den Schildern des Circuit des Etangs, dem Teich-Radweg, für einige Kilometer. Danach bis an die Mosel gibt es teilweise wieder Regionalbeschilderung und ab Juoy können Sie den Radwegweisern des Radweges entlang des Canal de Jouy bis nach Metz folgen. Von Metz bis zur Mosel bei Koenigsmacker gibt es keinerlei Schilder, danach ist der Mosel-Radweg (Chemin de la Moselle) ausgewiesen.
Von Remich, wo die Route von der Mosel abzweigt, bis nach Luxemburg und weiter nach

Echternach ist die Route mit Aufklebern markiert. Ab Echternach bis Wasserbillig können Sie den Radschildern des Sauertal-Radweges folgen. Von Wasserbillig bis nach Trier und von Trier nach Konz führt die Route entlang der Mosel und ist beschildert als Chemin de la Moselle. Durch das Saarland geleiten Sie die Schilder des Saar-Radweges und im Raum Saarbrücken gibt es bereits Schilder der VeloRoute SaarLorLux!

Tourenplanung

Wichtige Telefonnummern:
Internationale Vorwahl:
Deutschland: 0049
Frankreich: 0033
Luxemburg: 00352

Zentrale Infostellen

Tourismus Zentrale Saarland, D-66119 Saarbrücken, Franz-Josef-Röder-Str. 17, ✆ 0681/92720-0, Fax: 92720-40 (Info und Reservierung), www.SaarRadland.de, www.tourismus.saarland.de

Office National du Tourisme, L-1010 Luxembourg, 68-70 Boulevard de la Pètrusse, ✆ 428282-10, www.ont.lu, www.tours.lu, www.visitluxembourg.lu

Rheinland-Pfalz Tourismus GmbH, D-56068 Koblenz, Löhrstr. 103-105, ✆ 01805-75746-36, www.Radwanderland.de, www.rlp-info.de

Communauté d'Agglomération Sarreguemines Confluences, F-57208 Sarreguemines Hotel de la Communauté 99 rue Maréchal Foch, Postfach B. P. 80805, ✆ 0387283030, www.agglo-sarreguemines.fr

Comité Départemental du Tourisme de la Moselle, F-57003 Metz, Cedex 1, 2-4 rue du Pont Moreau, BP 80002,

✆ 0387/375780, info@moselle-tourisme.com,
www.moselle-tourisme.com

Anreise & Abreise mit der Bahn

Den Start- und Zielpunkt Saarbrücken erreichen Sie problemlos mit der Bahn. EC- und IC-Züge aus allen Richtungen fahren die saarländische Hauptstadt mehrmals täglich an.

Informationsstellen:
Radfahrer-Hotline Deutschland:
✆ 01805/151415, Infos über Fahrradmitnahme, -vermietung oder -versand, 24-Stunden-Service unter ✆ 01805/996633.

ReiseService: ✆ 11861, Auskünfte über Zugverbindungen, Fahrpreise im In- und Ausland, Buchung von Tickets und Reservierungen, www.bahn.de/bahnundbike.

Automatische DB-Fahrplanauskunft: ✆ 0800/1507090, ✆ 01805/221100

ADFC: weitere Infos und aufgeschlüsselte Einzelverbindungen unter www.adfc.de/bahn

Hermes-Privat-Service:
(✆ 0900/1311211 € 0,60/Min.), www.hermes-logistik-gruppe.de, unter der Rubrik Paketservice erfahren Sie die genauen Zustellzeiten und die aktuellen Preise.
SNCF, Französische Eisenbahnen, ✆ 0033 (0)892 35 35 35, www.sncf.com
Société Nationale des Chemins de fer Luxembourgeois - CFL, ✆ 00352/2489-2489, www.cfl.lu

Fahrradtransport

Innerhalb der jeweiligen Länder funktioniert der Fahrradversand ohne Komplikationen. Grenzüberschreitend ist der Versand des Fahrrades jedoch nur nach Luxemburg und nicht nach Frankreich möglich. Genaueres entnehmen Sie bitte aus den Punkten

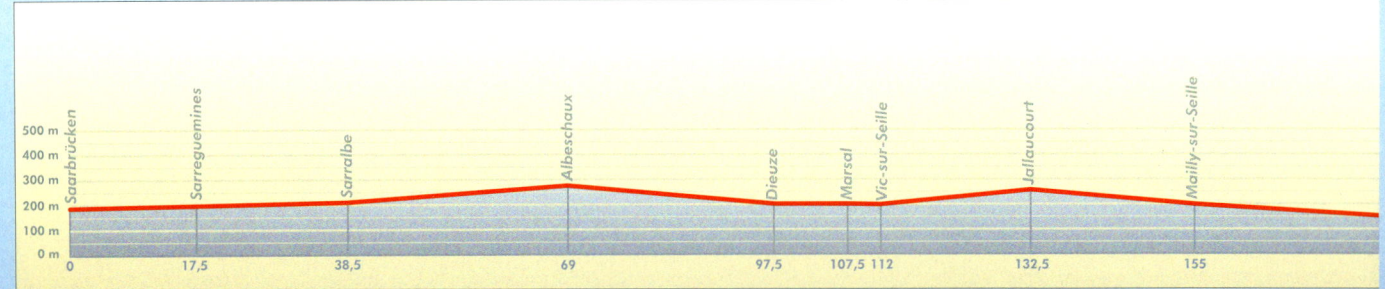

Versand in Frankreich/Deutschland/Luxemburg.

Fahrradmitnahme in Deutschland: Es gibt täglich mehrere Abfahrten von verschiedenen deutschen Bahnhöfen mit Fernverkehrszügen, viele davon bieten den Service der Fahrradmitnahme an. Diese Züge sind in Fahrplänen, Kursbüchern etc. entsprechend gekennzeichnet.

In vielen **InterCity (IC), EuroCity (EC) und D-Zügen** ist der Transport im Tagesreiseverkehr problemlos. Im **DBNachtZug (NZ)** ist die Mitnahme auf den meisten Linien ebenfalls möglich (gegen Kauf einer Fahrradkarte). Eine Stellplatzreservierung ist erforderlich, diese ist kostenlos.

Die **CityNightLine (CNL)** bietet auf allen Linien eine Fahrradbeförderung an. Räder aller Art werden (auch ohne spezielle Verpackung) gegen einen Preis von € 10,– (innerdeutsch € 9,–, für BahnCard-Besitzer € 6,–) mitgenommen. Ausnahme: Tandemräder nur auf Anfrage und für Fahrradanhänger müssen Sie einen eigenen Stellplatz buchen. Die Reservierung ist kostenlos, muss jedoch im Voraus erfolgen.

Fahrradmitnahme in Frankreich:
Im französischen Binnenverkehr können Sie Fahrräder im Fernverkehr nur in Zügen, die im Fahrplan mit dem Fahrradpiktogramm ausgezeichnet sind, mitnehmen – kostenfrei und mit Selbstverladung. In Nahverkehrszügen wird Ihr Fahrrad fast überall mitgenommen, auch hier kostenfrei. Bei grenzüberschreitenden Zügen nach Deutschland entscheidet bei Platzproblemen im Zweifelsfall das Zugpersonal. Verpackte und zusammengeklappte Fahrräder, die die Maße 1,20m x 0,90m nicht überschreiten, können in allen Binnenverkehrszügen als Handgepäck mitgenommen werden.

Fahrradmitnahme in Luxemburg:
In Luxemburg können Fahrräder bei ausrei-

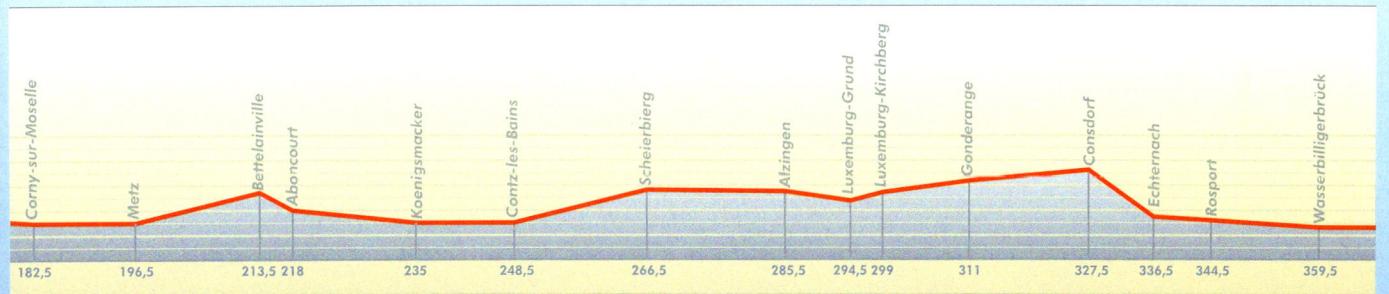

chendem Platzangebot jederzeit kostenlos mitgenommen werden.

Fahrradversand in Deutschland:
Hier funktioniert der Versand über den Kurier-Gepäck-Service. Er bringt Ihr Fahrrad und auch ihr Gepäck, von Haus zu Haus, d. h. Sie benötigen für die Abholung und Zustellung eine Privatadresse. Dieser Service kann vor der Hinreise bei allen DB-Verkaufsstellen gebucht werden.

Der Rückreisetransport kann aber auch schon beim Kauf des Hintransportes mitgebucht werden. Die Zustellung erfolgt innerhalb von Deutschland binnen zwei Werktagen. Das

KurierGepäck-Ticket kaufen Sie am besten gleich mit Ihrer Fahrkarte oder Sie bestellen es beim Hermes-Privat-Service (s. Infostellen). Sonderräder wie Tandems, Liege- oder Dreiräder können wegen ihrer größeren Abmessungen nicht transportiert werden. Zustellung bzw. Abholung: Mo-Fr 8-18 Uhr (Spätservice 17-21 Uhr), Sa 8-18 Uhr.

Bei Abholung muss das Fahrrad transportgerecht verpackt sein. Der Kurierfahrer bringt Ihnen auf Wunsch eine Mehrwegverpackung zum Preis von € 5,10 gerne mit.
KurierGepäck-Preise innerhalb Deutschlands:
erstes und zweites Rad   je € 24,90
drittes und viertes Rad   je € 18,90
(bei gleicher Abhol- und Lieferadresse)
Aufpreis für Spätservice   € 6,30
Wenn Sie Ihr Fahrrad mit dem Hermes-Privat-Service unabhängig von einem Bahnticket versenden möchten, dann kostet das € 39,90.
Der Fahrradversand wird auch in die Länder Luxemburg, Österreich, Schweiz und nach Südtirol angeboten.

Fahrradversand in Frankreich: Wird nur innerhalb Frankreichs angeboten, wahlweise als Haus-zu-Haus-Service oder von/zu einem bestimmten Gepäckdepot. Genauere Auskünfte erteilt: SNCF Französische Eisen-

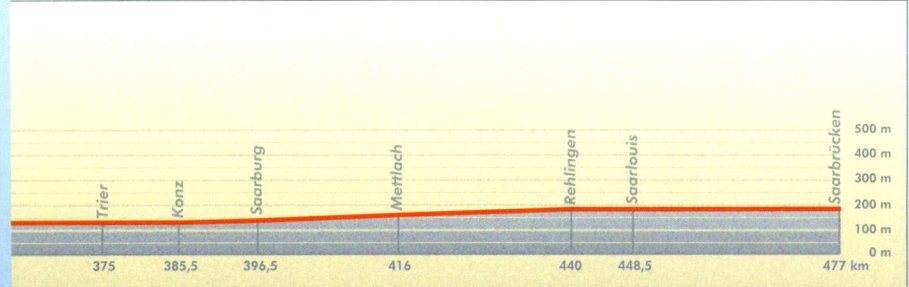

bahnen, Vertretung Personenverkehr ✆ 0033 (0)892 35 35 35.

Fahrradversand in Luxemburg:
Von Deutschland nach Luxemburg können Sie Ihr Fahrrad über den Hermes-Privat-Service versenden lassen (s. Infostellen).

Übernachtung
Das gesamte Gebiet SaarLorLux ist touristisch erschlossen und darum findet man alle Arten der Beherbergung vor, vom Campingplatz bis zum First-Class Hotel. Besonders zahlreich sind die Übernachtungsmöglichkeiten an Saar und Mosel, denn die beiden Flusstäler sind beliebte Ausflugsziele. Hier ist es ratsam, in der Hochsaison Zimmer im Voraus zu reservieren. In den großen Städten entlang der Route, Saarbrücken, Metz, Luxemburg und Trier finden Sie ebenso ein großes Angebot an Hotels, Pensionen und Privatzimmern. In der Hauptstadt Luxemburg sind Zimmer im Gegensatz zu den übrigen Städten etwas teurer.

Mit Kindern unterwegs
Die VeloRoute SaarLorLux ist abschnittsweise verkehrs- und steigungsreich, daher empfehlen wir diese Tour erst für Kinder ab 12 Jahren oder für sportliche Kinder ab 10 Jahren. Entlang der Saar von Trier bis Saarbrücken können Sie getrost mit kleineren Kindern fahren, denn hier ist es flach und es gibt keinen Verkehr. Von der Mosel nach Luxemburg und weiter nach Trier verläuft die Route großteils abseits vom Verkehr, aber es gibt einige Steigungen zu bewältigen – vor allem bei der Ausfahrt von Luxemburg, daher ist dieser Abschnitt nur für sportliche Kinder zu bewältigen. Die Abkürzung auf dem Saarland-Radweg ist ebenfalls großteils verkehrsfrei, aber auch hier erwarten Sie einige starke Steigungen. Darum ist dieser Abschnitt ebenfalls nur für sportliche Kinder zu empfehlen.

Das Rad für die Tour
Am besten geeignet für die VeloRoute SaarLorLux sind Tourenräder und Trekking- oder Mountainbikes. Es gibt einige Steigungen zu bewältigen und es kommen einige Streckenabschnitte vor, die nicht asphaltiert und teilweise auch recht holprig sind.
Versuchen Sie schon vor der Abreise, eine bequeme Sitzposition auf Ihrem Rad zu finden. Der Rahmen sowie die Lenkstange sollten Ihrer Körpergröße entsprechen. Besonderes Augenmerk sollten Sie dem Sattel schenken. Auch ein Kartenhalter oder eine Lenkertasche sind während einer Tour sehr nützlich. Zweifach-Hinterradtaschen mit unkomplizierter Befestigung erweisen sich bei längerer Fahrt als zweckmäßig.
Da selbst das beste Rad nicht von Pannen verschont wird, empfiehlt es sich, eine Grundaus-

rüstung an Werkzeug und Zubehör mit auf die Reise zu nehmen.

Radreiseveranstalter
Tourismus Zentrale Saarland, D-66119 Saarbrücken, Franz-Josef-Röder-Str. 17, ✆ 0681/92720-0, Fax: 92720-40 (Info und Reservierung), www.SaarRadland.de, www.tourismus.saarland.de

Luxemburgisch

In Luxemburg gibt es neben Französisch und Deutsch eine dritte Amtssprache: Luxemburgisch (Lëtzebuergesch). Diese Sprache wird im Großherzogtum Luxemburg, Belgien, Frankreich und Deutschland gesprochen und wird als deutscher Dialekt angesehen. In den letzten 20 Jahren wurde Luxemburgisch immer öfter als Schriftsprache verwendet und trug auch symbolisch zur Unabhängigkeit des Großherzogtums bei. Wie jede andere Sprache hat Luxemburgisch auch verschiedene Mundarten wie zum Beispiel: Areler, Eechternoocher oder Miseler.

Die Sprache gilt als Muttersprache und wird auch ab dem ersten Schuljahr unterrichtet, damit ist für die Erhaltung der Sprache bestens vorgesorgt. Auch in den Medien wird teilweise Luxemburgisch gesprochen oder geschrieben.

Einige Sprachbeispiele:

Abendessen	–	Owendiessen
bitte	–	wann ech gelift
Biene	–	Bei
Brot	–	Brout
danke	–	merci
Dorf	–	Duerf
Dunkelheit	–	Däischtert
Fahrrad	–	Vélo
Gefahr	–	Gefor
ich	–	ëch
ja	–	jo
Luxemburg	–	Lëtzebuerg
Radfahrer	–	Vélosfuerer
Wald	–	Bësch
Wasser	–	Waasser
Weg	–	Wee
Wein	–	Wäin
Werkzeug	–	Geschir

Zu diesem Buch

Dieser Radreiseführer enthält alle Informationen, die Sie für den Radurlaub entlang der VeloRoute SaarLorLux benötigen: Exakte Karten, eine detaillierte Streckenbeschreibung, ein ausführliches Übernachtungsverzeichnis, Stadt- und Ortspläne und die wichtigsten Informationen zu touristischen Attraktionen und Sehenswürdigkeiten.

Und das alles mit der *bikeline*-Garantie: die Routen in unseren Büchern sind von unserem professionellen Redaktionsteam vor Ort auf ihre Fahrradtauglichkeit geprüft worden. Um höchste Aktualität zu gewährleisten, nehmen wir nach der Befahrung Korrekturen von Lesern bzw. offiziellen Stellen bis Redaktionsschluss entgegen, die dann jedoch teilweise nicht mehr an Ort und Stelle verifiziert werden können.

Die Radtour ist nicht in Tagesetappen sondern in logische Abschnitte aufgeteilt, weil die Tagesleitung zu sehr davon abhängt, wie sportlich oder genussvoll Sie die Strecke in Angriff nehmen möchten.

Die Karten

Die Detailkarten sind im Maßstab 1 : 75.000 erstellt. Dies bedeutet, dass 1 cm auf der Karte einer Strecke von 750 Metern in der Natur entspricht. Zusätzlich zum genauen Routenverlauf informieren die Karten auch über die Beschaffenheit des Bodenbelages (befestigt oder unbefestigt), Steigungen (leicht oder stark), Entfernungen sowie über kulturelle, touristische und gastronomische Einrichtungen entlang der Strecke.

Allerdings können selbst die genauesten Karten den Blick auf die Wegbeschreibung nicht ersetzen. Komplizierte Stellen werden in der Karte mit diesem Symbol ⚠ gekennzeichnet, im Text finden Sie das gleiche Zeichen zur Kennzeichnung der betreffenden Stelle wieder.

Beachten Sie, dass die empfohlene Hauptroute immer in Rot und Violett, Varianten und Ausflüge hingegen in Orange dargestellt sind. Die genaue Bedeutung der einzelnen Symbole wird in der Legende auf den Seiten 4 und 5 erläutert.

Höhen- und Streckenprofil

Das Höhen- und Streckenprofil gibt Ihnen einen grafischen Überblick über die Steigungsverhältnisse, die Länge und die wichtigsten Orte entlang der Radroute. Es können in diesem Überblick nur die markantesten Höhenunterschiede dargestellt werden, jede einzelne kleinere Steigung wird in dieser grafischen Darstellung jedoch nicht berücksichtigt. Die Steigungs- und Gefälleverhältnisse entlang der Route finden Sie im Detail mit Hilfe der Steigungspfeile in den genauen Karten.

Der Text

Der Textteil besteht im Wesentlichen aus der genauen Streckenbeschreibung, welche die empfohlene Hauptroute enthält. Stichwortartige Streckeninformationen werden, zum leichteren Auffinden, von dem Zeichen ~ begleitet.

Unterbrochen wird dieser Text gegebenenfalls durch orangefarbige Absätze, die Varianten und Ausflüge behandeln.

Ferner sind alle wichtigen **Orte** zur besseren Orientierung aus dem Text hervorgehoben. Gibt es interessante Sehenswürdigkeiten in einem Ort, so finden Sie unter dem Ortsbalken die jeweiligen Adressen, Telefonnummern und Öffnungszeiten.

Die Beschreibung der einzelnen Orte sowie historisch, kulturell oder naturkundlich interessanter Gegebenheiten entlang der Route tragen zu einem abgerundeten Reiseerlebnis bei. Diese Textblöcke sind kursiv gesetzt und unterscheiden sich dadurch auch optisch von der Streckenbeschreibung.

Textabschnitte in Violett heben Stellen hervor, an denen Sie Entscheidungen über Ihre weitere Fahrstrecke treffen müssen, z. B. wenn die Streckenführung von der Wegweisung abweicht oder mehrere Varianten zur Auswahl stehen u. ä.

Sie weisen auch auf Ausflugstipps, interessante Sehenswürdigkeiten oder Freizeitaktivitäten etwas abseits der Route hin.

Übernachtungsverzeichnis

Auf den letzten Seiten dieses Radtourenbuches finden Sie zu fast allen Orten entlang der Strecke eine Vielzahl von Übernachtungsmöglichkeiten vom einfachen Zeltplatz bis zum 5-Sterne-Hotel

Von Saarbrücken nach Metz

196,5 km

Die Metropole an der Saar – Saarbrücken – ist der Ausgangs- und Endpunkt der VeloRoute SaarLorLux. Der erste Teil der Strecke verläuft entlang der Saar durch hübsche kleine Städte wie Sarreguemines oder Sarralbe und führt danach durch das Waldgebiet der Lorraine bis an die Mosel und nach Metz. Die Stadt an der Mosel erwartet Sie mit zahlreichen Sehenswürdigkeiten und mit erlesener Gastronomie.

Der erste Abschnitt verläuft fast durchgehend auf Asphalt. Von Saarbrücken bis kurz vor Rhodes fahren Sie auf Radwegen entlang der Saar und des Canal des Houilleres de la Sarre abseits vom Verkehr. Ab Dieuze bis Metz kommen kurze Teilstücke im mäßigen Verkehr vor. In Lothringen gibt es zahlreiche, manchmal auch stärkere, Steigungen zu bewältigen.

Saarbrücken

PLZ: D-66111-66130; Vorwahl: 0681

- **Touristinformation**, Rathaus St. Johann, Haupteingang, ✆ 938090
- **Saarbrücker Personen Schifffahrt**, Berliner Promenade, ✆ 34084, Rundfahrten und Ausflüge saaraufwärts.
- **Saarlandmuseum**, Moderne Galerie, Bismarckstr. 11-19, ✆ 99640, ÖZ: Di, Do-So 10-18 Uhr, Mi 10-22 Uhr.
- **Alte Sammlung**, Schlosspl. 16, ✆ 954050, ÖZ: Di, Do-So 10-18 Uhr, Mi 10-22 Uhr.
- **Historisches Museum Saar**, Schlossplatz 15, ✆ 5064501, ÖZ: Di, Mi, Fr, So 10-18 Uhr, Do 10-20, Sa 12-18 Uhr.
- **Museum für Vor- und Frühgeschichte**, Schlossplatz 16, ✆ 954200, ÖZ: Di-Sa 9-17 Uhr, So 10-18 Uhr.
- **Stadtgalerie Saarbrücken**, St. Johanner Markt 24, ✆ 936830, ÖZ: Di, Do-So 11-19 Uhr, Mi 12-20 Uhr.
- **Museum in der Schlosskirche**, Am Schlossberg 6, ✆ 9507641, ÖZ: Di, Do-So 10-18 Uhr, Mi 10-22 Uhr.
- **Ludwigskirche**, barockes Bauwerk von F. J. Stengel (1775), ✆ 52524, ÖZ: Di-Fr 10-18 Uhr, Sa/So 10-17 Uhr.
- **Saarbrücker Schloss**, ✆ 5061313, ÖZ: Führungen Sa 15 Uhr, So 15 Uhr; So 11 Uhr: Schlossgespenst-Führung. 1738 von Baumeister Stengel erbaut, 1793 abgebrannt und wiederaufgebaut. Von der Schlossmauer aus hat man einen guten Überblick über Saarbrücken.

Saarbrücken – Schloss

- **Zoologischer Garten**, Graf-Stauffenberg-Straße, ✆ 980440, ÖZ: Sommer Mo-So 8.30-18 Uhr, Winter 8.30-17 Uhr.
- **Deutsch-Französischer Garten**, ✆ 53437, ÖZ: Mitte April-Mitte Okt., 8-18 Uhr.
- **Botanischer Garten** der Universität des Saarlandes, Im Stadtwald, ✆ 3022864 (Führung für mind. 10 Pers.), ÖZ: Freiland Mo-So 10-20 Uhr, Gewächshäuser Mo-Do 10-15.30 Uhr, Sa, So/Fei 13-17 Uhr.
- **Schulz & Schade**, Vorstadtstr. 45, ✆ 52676
- **Der Fahrradladen**, Nauwieser Str. 19, ✆ 37098
- **Radhaus am Rathaus**, Großherzog-Friedrich-Str. 8, ✆ 375005

Das kleine Saarland hat unter den deutsch-französischen Kriegen der letzten Jahrhunderte sehr gelitten. Es wurde allzuoft zum Zankapfel fremder Interessen. Kunst- und Kulturschätze erlitten schwere Verluste, doch der Aufbauwille ließ in all der Zeit immer wieder Neues entstehen.

Ein Beispiel für die Vermischung von Altem und Neuem ist das Saarbrücker Schloss. 1738-48 wurde es vom Barock-Baumeister und Stadtplaner Friedrich Joachim Stengel erbaut. Doch schon 1793 während der Französichen Revolution brannte der saarseitige Teil der dreiflügeligen Anlage nieder, der Rest wurde geplündert. Auch im Zweiten Weltkrieg stark in Mitleidenschaft gezogen, wurde es in den achtziger Jahren des letzten Jahrhunderts in kühner architektonischer Synthese von Altem und Neuem wiederhergestellt. Der Kölner Gottfried Böhm schuf einen gläsernen Mittelbau als Bindeglied der beiden Schlossflügel und gestaltete eine neue Platzanlage. Das Schloss beherbergt die Verwaltung des Stadtverbandes Saarbrücken und das Historische Museum Saar. Schloss und Schlossumfeld bilden die Kulisse für ein buntes Kulturangebot.

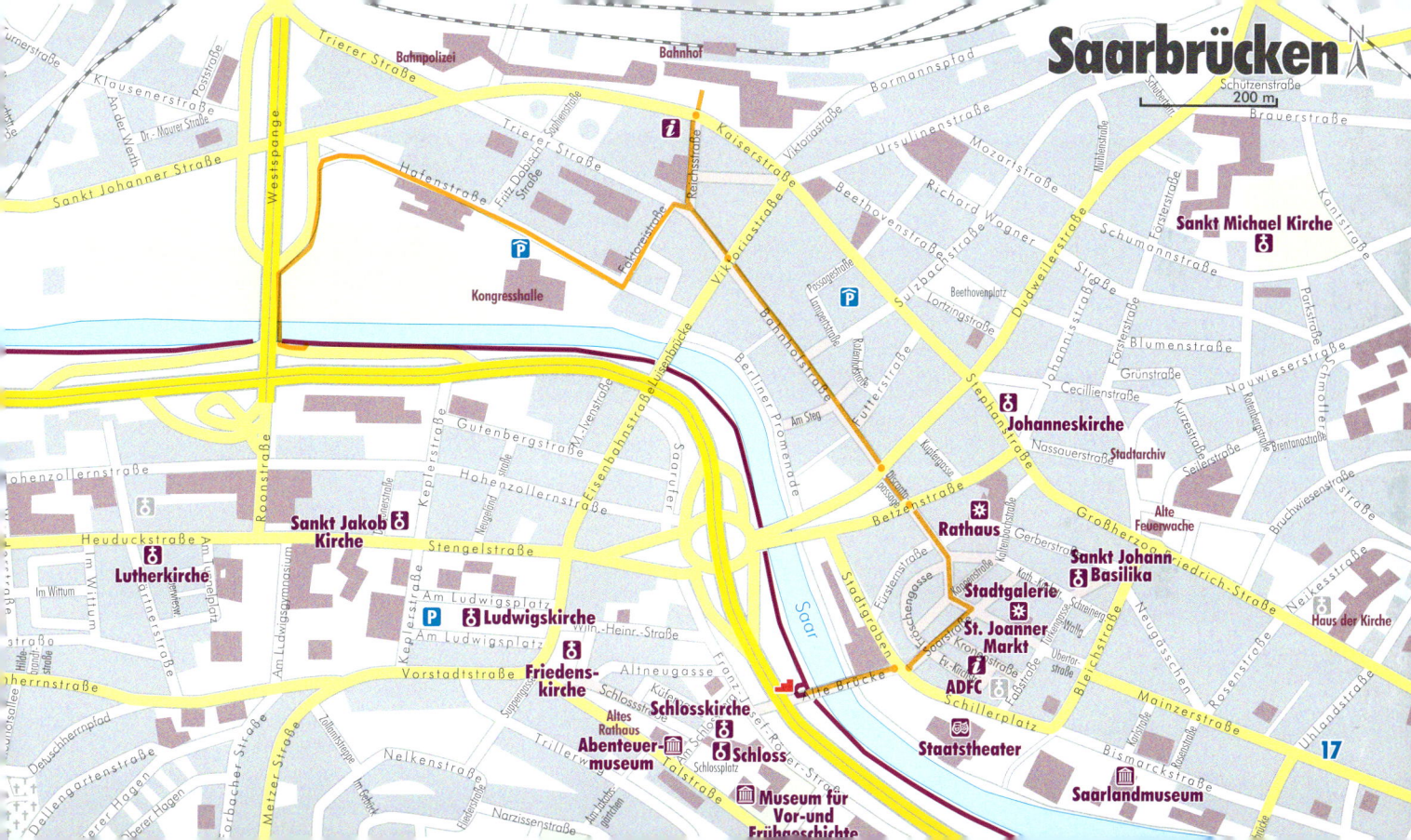

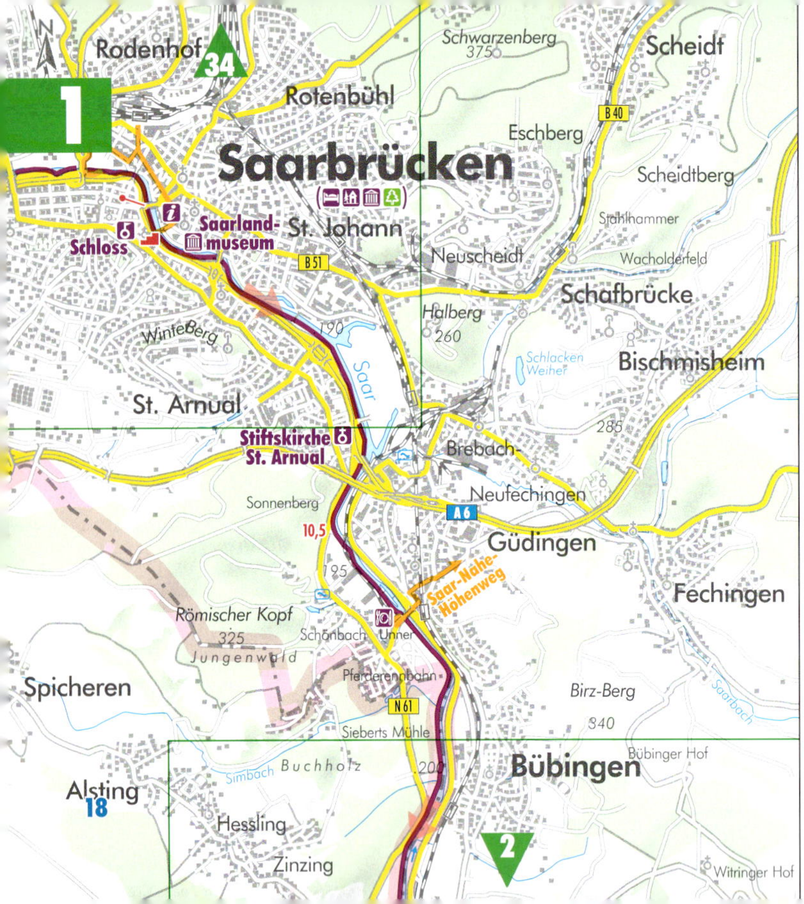

1

Saarbrücken – Ludwigskirche

Interkulturelle Begegnung ist im Saarland ein wichtiges Thema, der Deutsch-Französische Garten, eine weiträumige Anlage im Deutschmühlental, zeugt von den Bestrebungen einer Annäherung der beiden Staaten, die so lange verfeindet waren. Auch die sogenannten „Steine an der Grenze", die zu besichtigen Sie im Rahmen eines Ausflugs noch Gelegenheit haben werden, sind ein Zeugnis dieser Art der Vergangenheitsbewältigung.

Bummelt man durch Saarbrücken, wird französisches Flair spürbar. Die wechselnde Landeszugehörigkeit hat auch in der Küche Spuren hinterlassen. Für die Saarländer ist es selbstverständlich, Schnecken, Crevetten oder Paté zu essen, Kir und Pastis wird als Aperitif nicht verachtet. Die hiesigen Confiserien stellen mit ihren süßen Kreationen ein wahres Paradies für Leckermäuler dar. Schlendert man weiter, vorbei an gestylten Boutiquen und noblen Antiquitätenläden, kommt man unweigerlich zum Ludwigsplatz, den edle Barockhäuser säumen. Prunkstück des Platzes ist die Ludwigskirche, ebenfalls ein Werk von Meister Stengel.

Von Saarbrücken nach Sarreguemines   17,5 km

Ausgangspunkt ist der Bahnhof in Saarbrücken — vom Bahnhofsgebäude geradeaus auf die Fußgängerzone zu — in dieser links halten — geradeaus über die Querstraße — weiter auf der **Bahnhofstraße** — über zwei weitere Querstraßen und einen großen Platz — danach befinden Sie sich auf dem **St. Johanner Markt** — von hier rechts in die **Saarstraße** — die **Fröschengasse** queren und über die **Alte Brücke** — am anderen Ufer das Fahrrad auf Stufen nach unten schieben.

Tipp: Für das Schieben des Fahrrades auf den Stufen gibt es eine dafür vorgesehene Alu-Schiene, um das Abwärtskommen zu erleichtern.

Am Saar-Ufer angekommen nach rechts wenden — auf dem Saar-Radweg vorbei an **Güdingen** und **Bübingen** — es geht nun auf dem asphaltierten Radweg an der Saar entlang — vor Grosbliederstroff teilt sich die Saar und der Radweg verläuft entlang des rechten Armes des Kanals — auf diesem Weg unter der roten Brücke hindurch.

Grosbliederstroff

Weiter am Ufer-Radweg — unter der Brücke nach Kuchlingen hindurch in den Ortsteil **Welferding** — auf der rechten Saarseite geht es nach Sarreguemines.

Sarreguemines
PLZ: F-57200

- **Touristinformation**, Rue du Maire Massing 11, ☎ 0387988081
- **Themenmuseum für Steingut-Technik in der Bliesmühle**, Avenue de la Blies 125, ☎ 989350, ÖZ: Mi-Mo 10-12 Uhr u. 14-18 Uhr. Unter anderem kann der Besucher des Museums

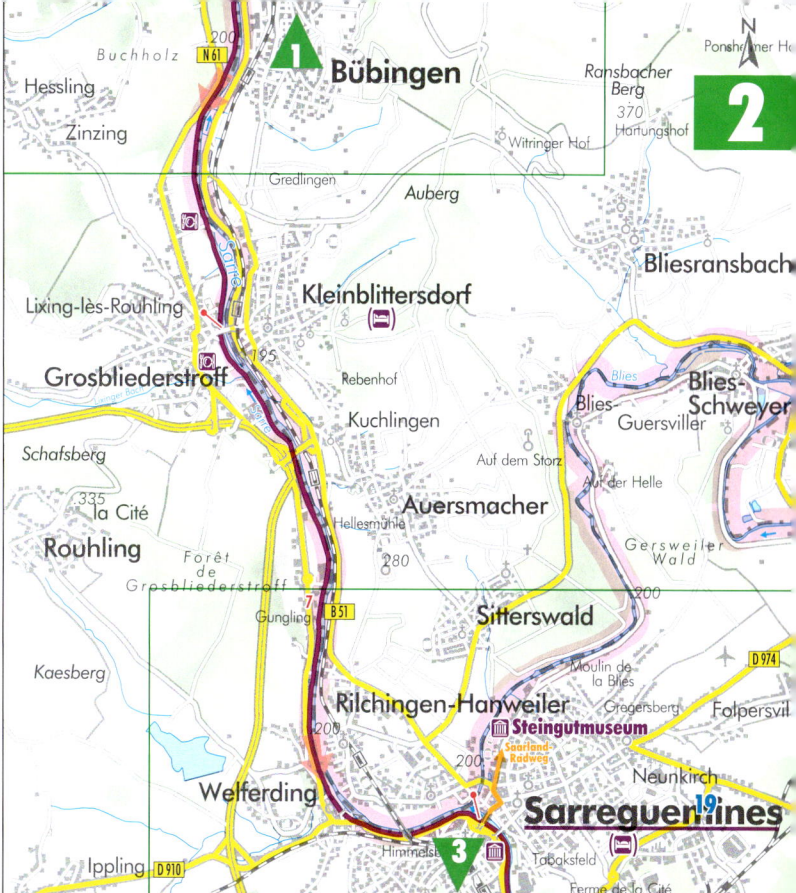

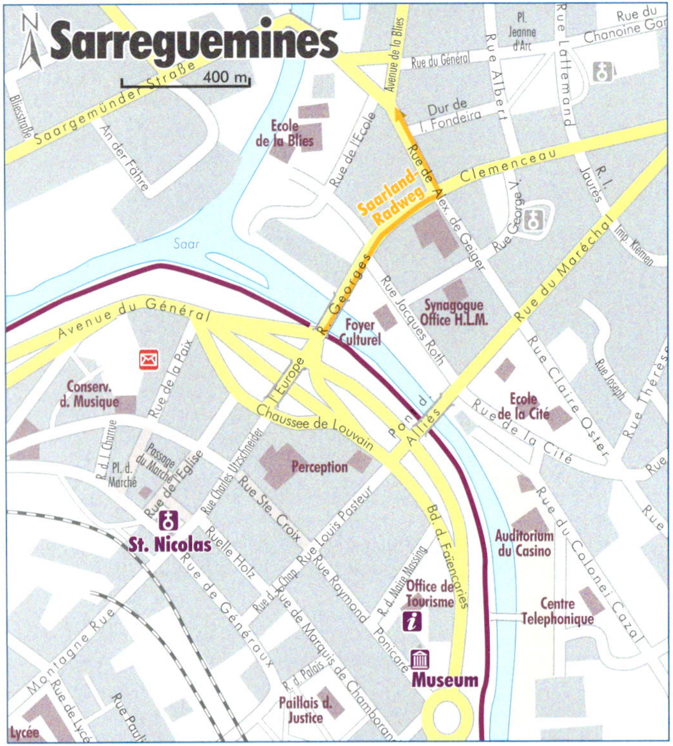

Sarreguemines

Sarreguemines liegt am Zusammenfluss von Saar und Blies und war schon seit jeher ein Verkehrsknotenpunkt. Die Geschichte der Stadt ist eng mit der Steingutindustrie verbunden, die schönsten Keramiken kann man im Wintergarten des Baron de Geiger bewundern.

einen Überblick über die Bearbeitungsmethoden der Keramikkunst erhalten, außerdem kann man auch die Bearbeitungsprozesse vom Ton bis zum letzten Brenngang verfolgen.

- **Wintergarten von Paul de Geiger, Steingut-Museum**, Rue Poincaré 17, ✆ 989350, ÖZ: Mi-Mo 10-12 Uhr u. 14-18 Uhr.
- **Brennofen**. Zwischen 1860 und 1862 wurden ca. 30 Brennöfen am linken Saarufer gebaut. Dieser Brennofen ist das einzige verbleibende Exemplar dieser Bauart in Europa. Der Ofen ist ein wichtiger Zeitzeuge der industriellen Revolution und der beschwerlichen Arbeitsbedingungen der damaligen Zeit.

Von Sarreguemines nach Sarralbe   21 km

Es geht weiter auf dem Fluss-Radweg ~ links über den Saar-Kanal und unter der alten Eisenbahnbrücke hindurch ~ nun zwischen Saar-Kanal und Saar weiter ~ ca. 6 Kilometer sind es bis nach Zetting.

Zetting

- **Kirche**. Die Kirche besteht aus einem Rundturm, einem gotischen Schiff und einem gotischen Chor. Der Rundturm stammt aus dem 11. Jh., diese Bauweise war in dieser Region selten. Bei Restaurierungsarbeiten sind wunderschöne Fresken aus der Renaissance ans Tageslicht gekommen.

Die Geschichte der Ortschaft Zetting reicht bis in die römische Zeit zurück. Im Laufe seiner Geschichte wurde der Name des Ortes mehrfach gewechselt. Während des Mittelalters gehörte die Ortschaft zur Abtei Tholey. Der untere Teil der Ortschaft Zetting wirkt auch heute noch wie ein lothringisches Bauerndorf des späten Mittelalters.

Hier an der Kanalbrücke geradeaus und somit am linken Kanalufer bleiben weiter auf dem landschaftlich schönen Radweg unter der Eisenbahnbrücke hindurch und nun ca. 5 Kilometer auf Asphalt am Kanalufer entlang bis nach Wittring.

Wittring

Hier an der Brücke gleichfalls geradeaus weiter auf dem Radweg zwischen Kanal und Saar am Sportplatz vorbei und unter der Eisenbahn hindurch nach ca. 2,5 Kilometern wird die lothringisch-elsässische Grenze

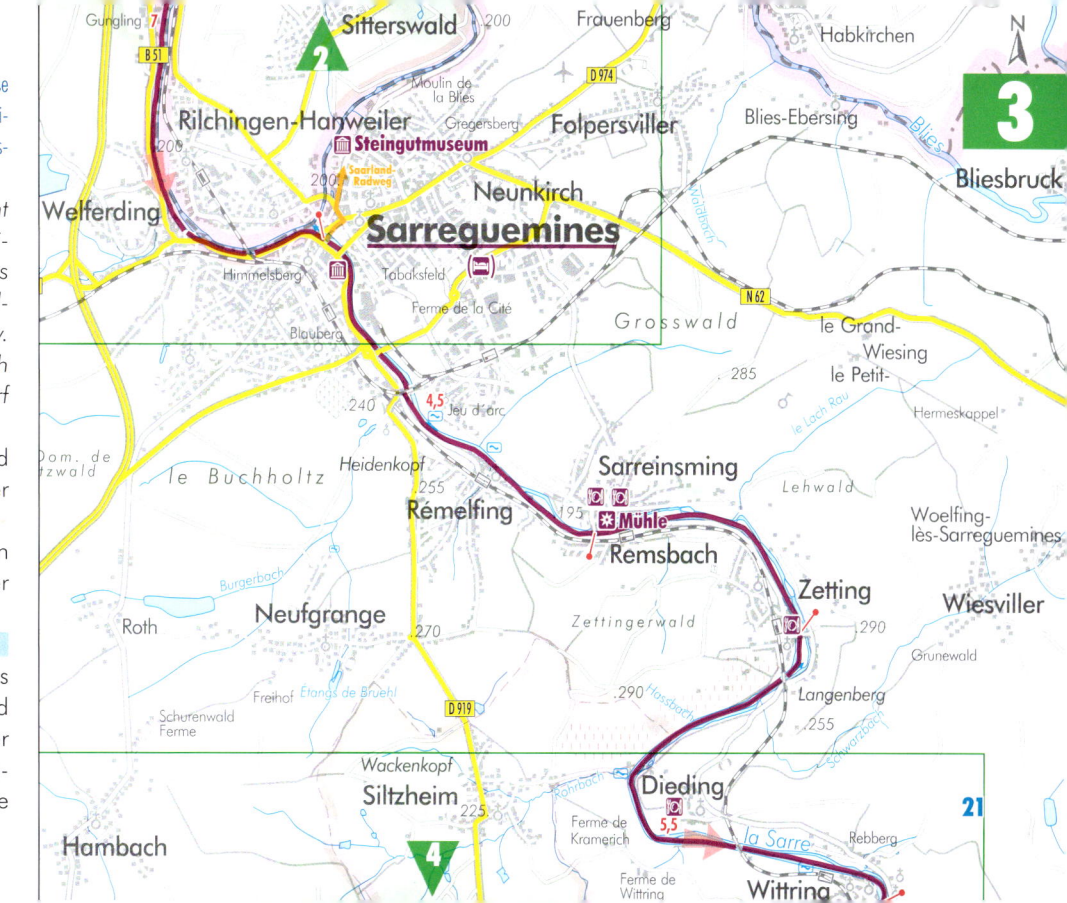

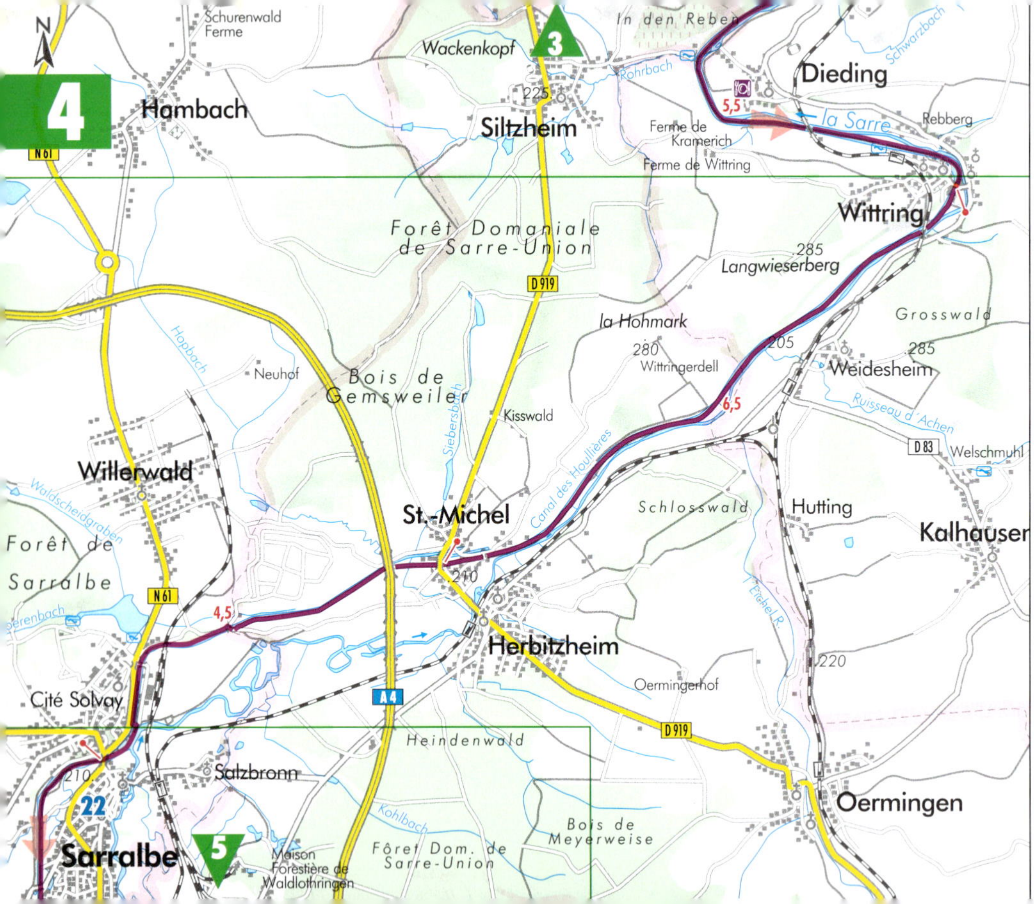

Wittring

passiert ⮕ vor Sarralbe entfernt sich der Kanal von der Saar, die hier als junger Fluss unreguliert ist.

Auf dem Radweg, der Piste cyclable, am linken Kanalufer unter der Straßenbrücke und in weiterer Folge unter der Autobahnbrücke hindurch ⮕ nach ca. 2,5 Kilometern über einen Steg ans andere Ufer ⮕ nun 1,5 Kilometer auf dem Radweg nach Sarralbe ⮕ dann wieder das Ufer wechseln und weiter zwischen Kanal und Saar ⮕ die Saar entfernt sich wieder ⮕ unter der Straßenbrücke hindurch.

Tipp: Hier besteht die Möglichkeit nach Sarralbe hineinzufahren und die Stadt zu besichtigen.

Sarralbe

PLZ: F-57430

🏛 **Historisches Museum**, Rue Clemenceau 40, ✆ 0387978017, ÖZ: Juli, Aug., So 14.30-17.30, u. n. V. In diesem Museum findet man sowohl Informationen zur Geschichte des Ortes, als auch zu kulturellem, handwerklichem und industriellem Erbe.

Von Sarralbe nach Rhodes   35 km

Der Radweg führt am linken Kanalufer weiter → unter der Eisenbahnbrücke hindurch → danach geht es ca. 3 Kilometer durch den Wald am Kanal entlang → unter der Straßenbrücke Richtung Harskirchen hindurch.

Auf dem rot asphaltierten Radweg neben dem Kanal wird die D 153 überquert → an der nächsten Querstraße wieder geradeaus und neben dem Kanal weiter → vorbei an der Schleuse → der Radweg führt an der Ortschaft Mittersheim vorbei.

Mittersheim

Am Badesee vorbei → über die D 38 → die nächsten 9 Kilometer führen am Kanalufer entlang → unter der Straßenbrücke der D 93 hindurch, vorbei an der Schleusenanlage und weiter am linken Ufer. Nach 4 Kilometern, nach Schleuse Nr. 2, rechts zur Straßenbrücke hinauffahren → dem Radschild mit der Aufschrift **Circuit des Etangs** (Teich-Runde) folgen → rechts über die Brücke → nach ca. 300 Metern auf der **D 27** an der Kreuzung beim **Hof Albeschaux** links abbiegen auf die **D 95** Richtung Rhodes → diese führt wellig dahin → vorbei an einem kleinen Teich → es folgt ein großer Teich und schließlich der Ort Rhodes.

Rhodes

PLZ: F-57810; Vorwahl: 0387

ℹ **Syndicat d'Initiative**, Mairie, ✆ 039400
🐾 **Tierpark Sainte Croix**, ✆ 039205, ÖZ: 20. März-13. Nov., Mo-So 10-18 Uhr.

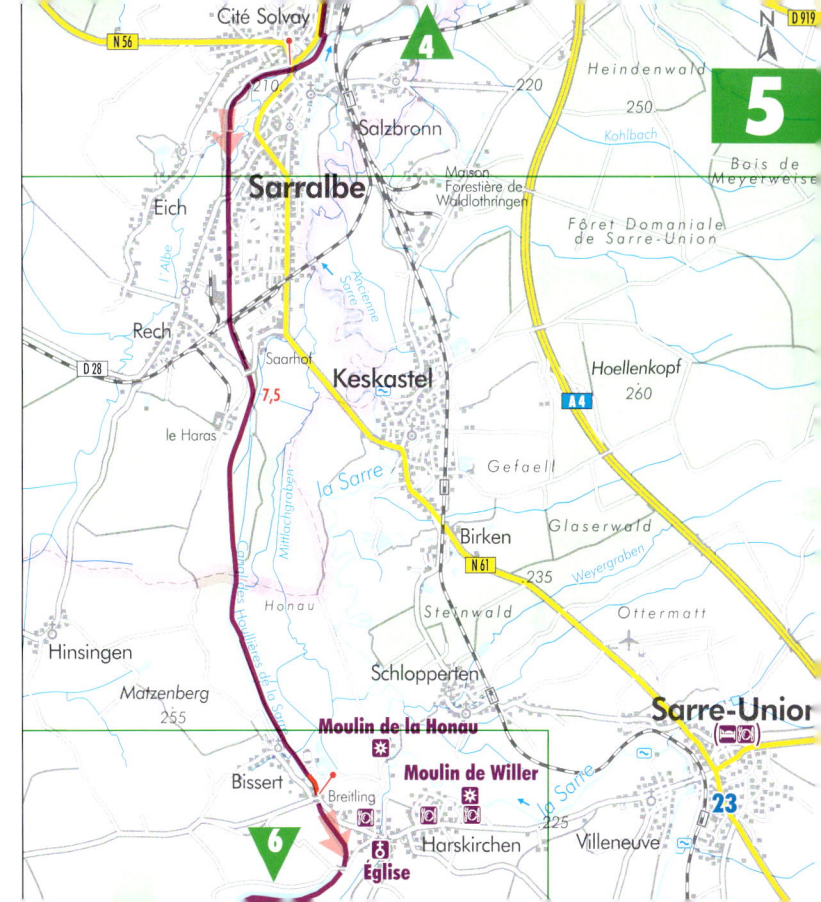

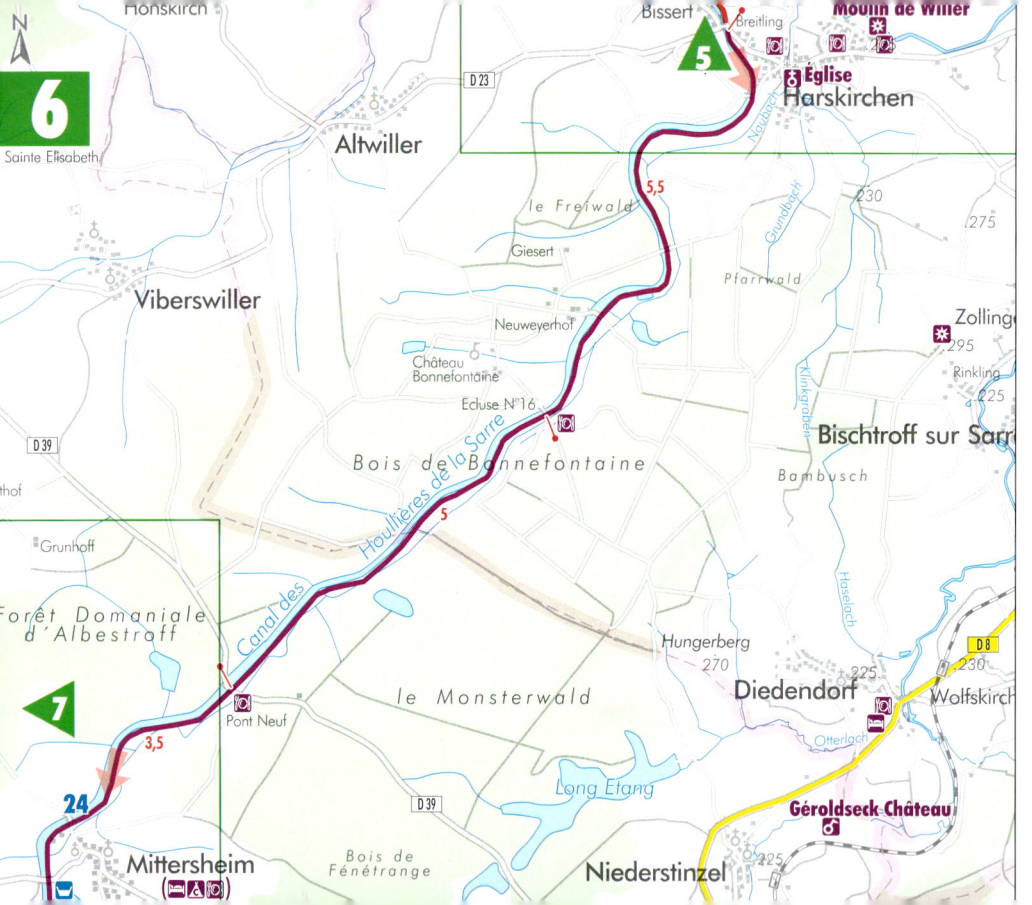

Von Rhodes nach Dieuze — 24 km

Hier direkt am **Etang du Stock** entlang → im Ort eine Rechtskurve Richtung Fribourg hinaus aus Rhodes → vorbei am Friedhof und bergauf → auf der schmalen **D 95** am Sender vorbei → die Strecke verläuft nun eben und kurvenreich weiter → starke Linkskurve und in einer Allee leicht bergab nach Fribourg hinein.

Fribourg

In einer Links-Rechts-Kombination unterhalb der Kirche vorbei → an der Gabelung rechts halten Richtung Guermange und Desseling → auf der **D 91** bergauf vor einer starken Linkskurve → danach leicht bergab nach Desseling.

Desseling

Zur Rechten Ausblick auf den **Neuf Etang** dem Straßenverlauf und den Radschildern des Circuit durch den Ort folgen → weiter auf der **D 91** Richtung Dieuze → leicht bergauf am Waldrand entlang → vorbei am Wasserturm → an der folgenden Kreuzung links Richtung Tarquimpol und Assenoncourt → vorbei am

Etang d'Armessous ▬ danach leicht bergauf, weiterhin wellig ▬ nach der Linkskurve geht es stark bergab ▬ in einer starken Rechtskurve nach Assenoncourt.

Assenoncourt

Auf der **D 93** durch den Ort ▬ rechts Richtung Dieuze ▬ bergauf und in einer Linkskurve hinaus aus dem Ort auf der **D 199g** ▬ bei der Gabelung links halten ▬ es geht leicht bergab in einer Rechtskurve ▬ vorbei an einem Wasserturm und am **Hof Alteville** ▬ auf welliger Strecke wird ein Teich passiert ▬ in einer Linkskurve bergauf ▬ rechts Ausblick auf den Etang de Lindre ▬ an der folgenden Kreuzung geradeaus Richtung Dieuze.

Tipp: Die Radschilder des Circuit des Etangs weisen hier nach rechts, Richtung Tarquimpol

▬ die VeloRoute SaarLorLux aber führt geradeaus weiter. Hier enden also die Schilder des Circuit.

Der Weg führt an einigen Teichen entlang und bergauf ▬ an der Vorfahrtsstraße links Richtung Gélucourt ▬ nun ein Kilometer im starken Verkehr der **D 999** nach Gélucourt folgen.

Gélucourt

In der Linkskurve der **D 999** rechts abbiegen Richtung Guéblange/ Aérodrome auf die **D 22k** ▬ vorbei am Flugfeld nach Guéblange.

Guéblange

Im Ort an der Vorfahrtsstraße rechts Richtung Dieuze ▬ nun 3,5 Kilometer bis Dieuze auf der mäßig befahrenen **D 22** ▬ stark bergab in einer Rechtskurve in den Wald hinein ▬ leicht bergauf und weiterhin dem Straßenverlauf

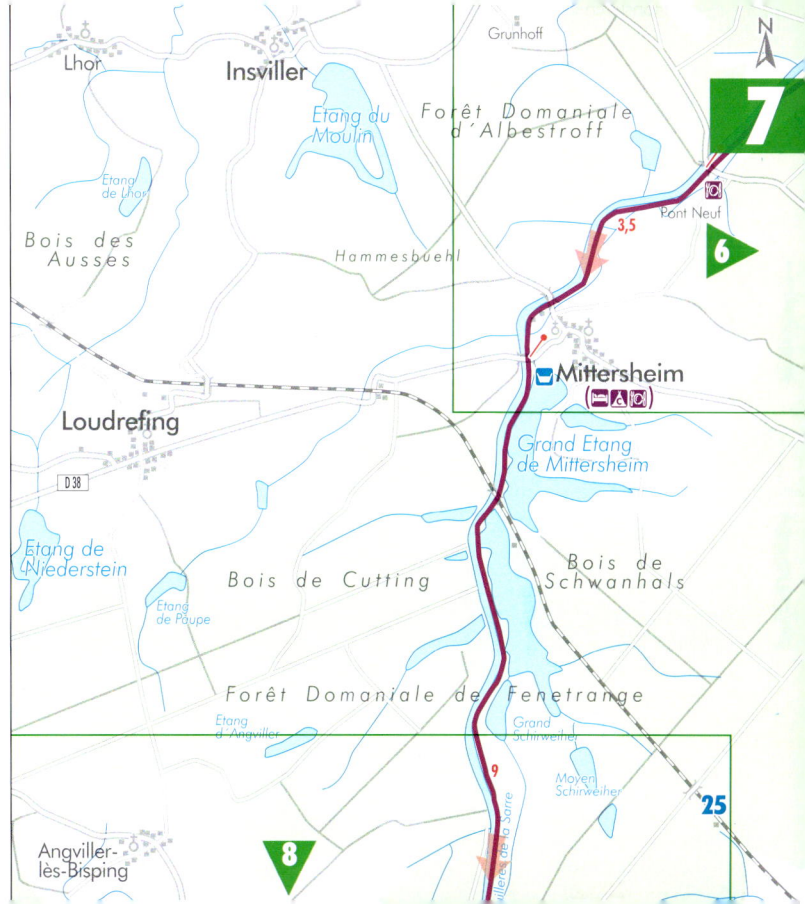

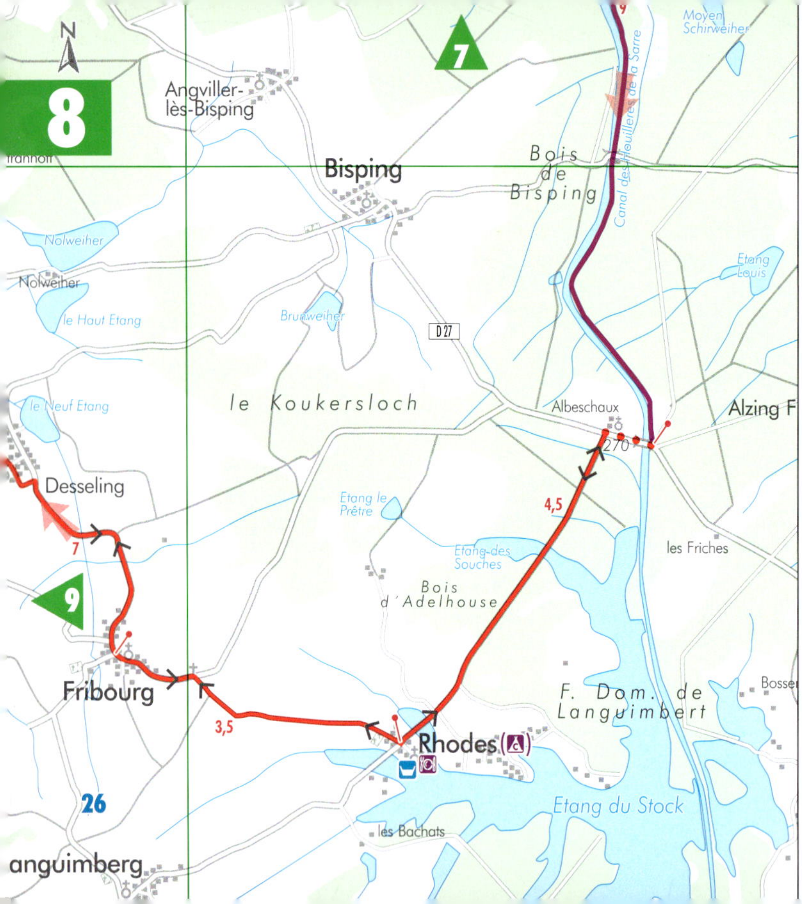

Radweg am Saarkanal

Richtung Dieuze folgen ⁓ in einem Linksbogen Richtung Dieuze-Centre ⁓ vorbei am Reitstall und an der folgenden Kreuzung links Richtung Blanche-Eglise auf die **D 22a**.

Tipp: Rechts kommen Sie nach Dieuze, falls Sie etwas einkaufen oder ein Restaurant besuchen möchten.

Dieuze
PLZ: F-57260; Vorwahl: 0387

🛈 Fremdenverkehrsamt Office du Tourisme, Place de l'Hôtel de Ville 10, ☏ 860607

✱ Überreste der Königssalinen, ☏ 860607, ÖZ: nur n. V. mit dem Tourismusbüro zu besichtigen.

Von Dieuze nach Vic-sur-Seille 14,5 km

Auf der ruhigen **D 22a** eben dahin ⁓ durch Blanche-Eglise hindurch.

Blanche-Eglise

Im starken Linksbogen der Straße geradeaus weiter Richtung Marsal ⁓ auf dieser schmalen Asphaltstraße eine Links-Rechts-Kombination ⁓ an der folgenden Kreuzung beim Hof Bourrache geradeaus ⁓ es kommen einige Schlaglöcher vor ⁓ kurz vor Marsal eine Rechtskurve ⁓ beim Wegkreuz rechts und nach Marsal hinein ⁓ über eine Brücke und im Linksbogen vorbei am Sportplatz.

Marsal – Porte de France

Marsal
PLZ: F-57630

- **Musée du sel (Salzmuseum)**, ☎ 0387011675, ÖZ: Di-So April-Sept., 9.30-12 Uhr u. 14-18 Uhr; Okt.-März, 9.30-12 Uhr u. 14-18 Uhr. Erzählt wird die Geschichte der Salzgewinnung in und um Marsal.
- Stiftskirche
- **Festungsanlage Vaubans**. Die ursprüngliche Befestigungsanlage wurde im 13. Jh. erbaut. Vauban ließ diese im 17. Jh. schleifen und baute eine stärkere und bessere Befestigung in typischer Sternform. Heute sind nur noch Überreste dieser Anlage erhalten.

✱ **Porte de France**. Im Mittelalter gab es zwei Stadttore in Marsal. Bis heute erhalten geblieben ist das Westtor, die Porte de France.

Zur Linken die Kirche bis an die Querstraße und hier links auf dem **Place d'Armes** rechts halten und gleich darauf links nun geradeaus auf das alte Stadttor **Porte de France** zu und hindurchfahren auf der **D 38a** den Ort verlassen an der Vorfahrtsstraße links im Verkehr nun Richtung Nancy/Metz durch den folgenden großen Kreisverkehr und die zweite Ausfahrt Richtung Nancy nehmen weiterhin auf der **D 38** über einen Kanal **Moyenvic** wird gestreift und weiter Richtung Vic-sur-Seille leicht bergauf und ca. 1,5 Kilometer hinter Moyenvic rechts von der verkehrsreichen Straße abbiegen es geht stark bergab vorbei an einem Teich ein großzügig angelegtes Freizeitgelände wird passiert und es geht bergauf an der Vorfahrtsstraße, der **D 155**, rechts nach Vic-sur-Seille.

Vic-sur-Seille
PLZ: F-57630

- Office de Tourisme, Mairie, ☎ 0387011626
- **George de La Tour-Museum**, ☎ 0387059830, ÖZ: Di-So, Okt.-März, 9.30-12 Uhr u. 14-18 Uhr; April-Sept., 9.30-12 Uhr u. 14-19 Uhr. Vic-Sur-Seille war die Geburtsstadt des Malers George de La Tour. Der Künstler war ein Meister der Hell-Dunkel-Effekte. Neben Werken dieses Künstlers können Besucher auch eine kohärente Sammlung von Werken aus dem 17. bis zum 20. Jh. bewundern.

Von Vic-sur-Seille nach Jallaucourt   20,5 km

An der Querstraße rechts kurz darauf links Richtung Salonnes an der Gabelung abermals rechts dem Verlauf der **Rue de Salonnes** nun folgen vorbei an Weingärten diese Straße nennt sich im weiteren Verlauf **Route de Seille** der Straße im stetigen bergauf und bergab nach **Salonnes** folgen an der Querstraße links auf die **Rue Principale**.

Durch den Ort hindurch über eine kleine Brücke und links auf die **Route de Chambrey** Richtung Chambrey die

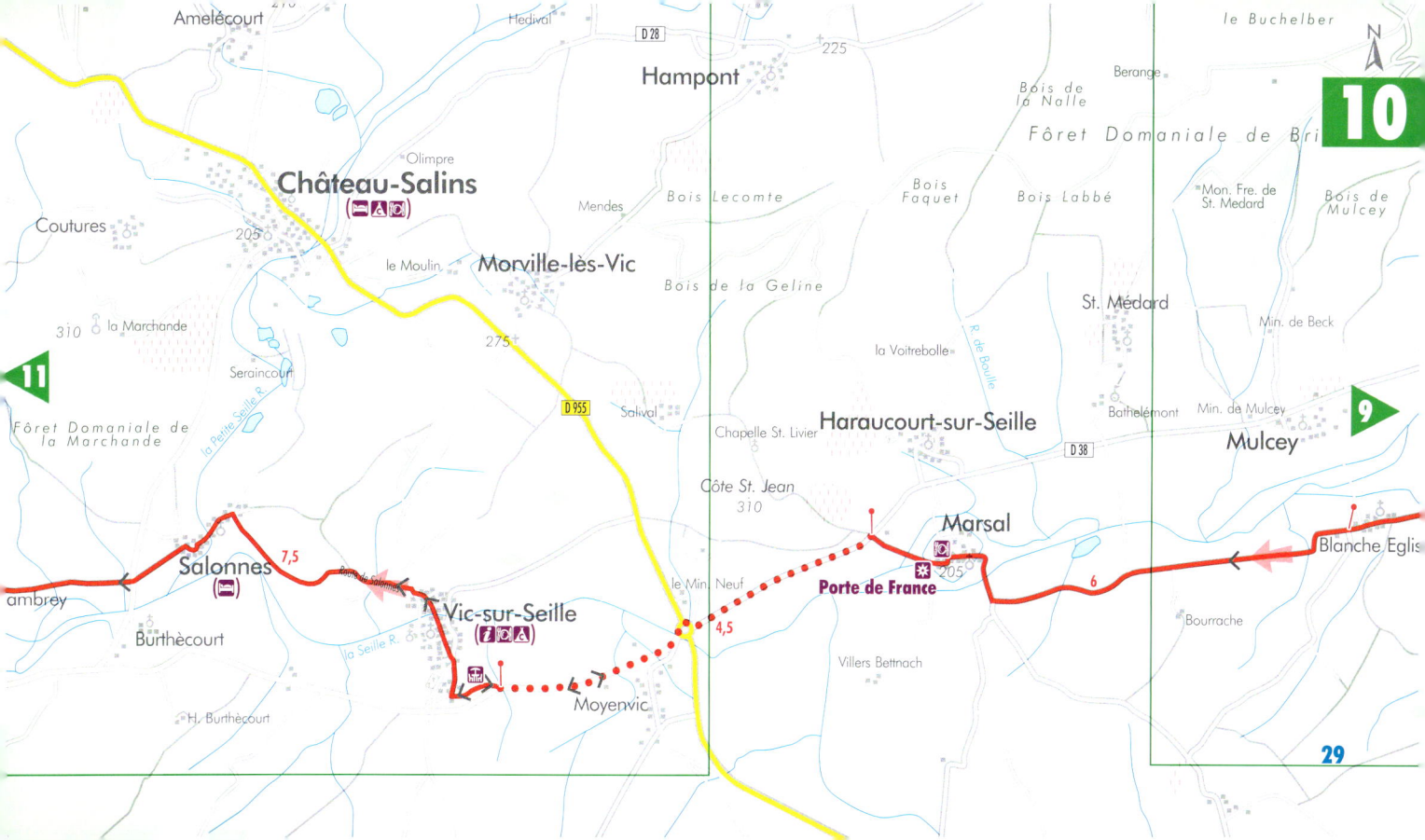

folgende Kreuzung geradeaus überqueren ⮕ auf der **Route de Salonnes** nach Chambrey.

Chambrey
Dem Verlauf der Straße durch den Ort folgen ⮕ auch nach Ortsende geht es auf dieser Straße, der **D 77**, weiter ⮕ nach rund vier Kilometer führt sie nach Pettoncourt.

Pettoncourt
Im Ort rechts Richtung Gremecey ⮕ der Straße im leichten bergauf und bergab folgen ⮕ die Route führt nach einem kurzen Anstieg nach Gremecey.

Gremecey
Durch Gremecey hindurch ⮕ links an der Kirche vorbei ⮕ an der Gabelung links Richtung Bioncourt ⮕ der Linkskurve des Weges folgen ⮕ an der Kreuzung rechts Richtung Jallaucourt ⮕ der Straße nun für etwa vier Kilometer folgen ⮕ die Kreuzung geradeaus überqueren ⮕ es geht schließlich steil bergauf und nach Jallaucourt hinein.

Jallaucourt

Von Jallaucourt nach Mailly-sur-Seille 22,5 km

Auf der **Rue de Gremecey** durch den Ort ⮕ beim Steintor links halten ⮕ der Rechtskurve folgen und aus Jallaucourt hinaus ⮕ an der Gabelung links ⮕ an der Kreuzung ebenfalls links Richtung Lemoncourt und Delme ⮕ dem Straßenverlauf nach Lemoncourt folgen.

Lemoncourt
Tipp: In Lemoncourt können Sie einen Abstecher in das einladende Städtchen Delme machen, wo Sie Restaurants, Einkaufsmöglichkeiten und Übernachtungsbetriebe finden.

Abstecher nach Delme 3 km

Um nach Delme zu gelangen, dem Verlauf der Straße geradeaus durch Lemoncourt und weiter zur Querstraße folgen ⮕ an dieser links Richtung Metz und Delme ⮕ kurz darauf geht es am Ortsschild von Delme vorbei ⮕ dem Verlauf der Straße in den Ort hinein folgen.

Delme
Für die Hauptroute in Lemoncourt an der Kreuzung links Richtung Aulnois-sur-Seille ⮕ dem Verlauf der **D 21** folgen ⮕ rechts in einen befestigten Feldweg ⮕ vorbei an Feldern nach Craincourt ⮕ auf der **Rue du Point du Jour** in den Ort.

Craincourt
Im Ort der Rechtskurve der Straße folgen ⮕ es geht nun auf der **Rue Principale** dahin ⮕ an der Kreuzung rechts auf die **Rue de Liocourt** ⮕ dem Straßenverlauf wieder folgen ⮕ die Kreuzung geradeaus überqueren und kurz darauf links in den Weg ⮕ auf diesem weiter nach Foville.

Foville
Dem Verlauf der Straße, der **Rue de la Louviere**, durch den Ort folgen ⮕ rechts an der Kirche vorbei ⮕ an der Kreuzung links ⮕ die Route führt nach Vulmont ⮕ rechts halten ⮕ der Linkskurve der Straße folgen.

Vulmont

🛈 **romanische Kapelle** aus dem 11. Jh.

Vorbei an den Häusern von Vulmont → abermals der Linkskurve folgen → aus Vulmont hinaus → weiter auf dieser Straße für rund drei Kilometer bis Phlin.

Phlin

Der Rechtskurve der Straße im Ort folgen → weiter auf der **D 47** nach Mailly-sur-Seille → an der Querstraße links Richtung Nomeny.

Mailly-sur-Seille

Von Mailly-sur-Seille nach Corny-sur-Moselle   27,5 km

Auf der **Rue de Mont** durch den Ort → außerhalb von Mailly-sur-Seille nennt sich die Straße **Route de Secourt** → links in den Weg mit der 3,5-t-Beschränkung → weiter nach Ressaincourt.

Ressaincourt

Die Route verläuft nun auf der **Rue du Reverend Pere Vincent** → weiter zur Querstraße, an dieser rechts Richtung Metz und St. Jure.

St. Jure

Auf der **Rue de Metz** durch St. Jure weiter bis zum Kreisverkehr — diesen nach links Richtung Louvigny verlassen — die Route verläuft nun auf der **Rue Nationale** — rechts auf die **Rue de Chegny** Richtung Louvigny — an der Gabelung der Linkskurve der Straße folgen.

Louvigny

Rechts in die **Rue de Lorraine** — an der Querstraße rechts Richtung Metz — weiter bis zur nächsten Querstraße — hier links auf die **D 913** — diese Straße nach links verlassen, in den Weg mit der 3,5-t-Beschränkung — dem Verlauf des Weges, vorbei an Feldern, folgen — an der Gabelung links — weiter bis zur Querstraße und links auf die **Rue du Moulin** — entlang dieser nach Sillegny.

Sillegny

Wehrkirche Saint-Martin, die gotische Kirche stammt aus dem 15. Jh. Sehenswerte Fresken.

An der Kreuzung links — durch den Ort hindurch — dem Rechtsbogen folgen und

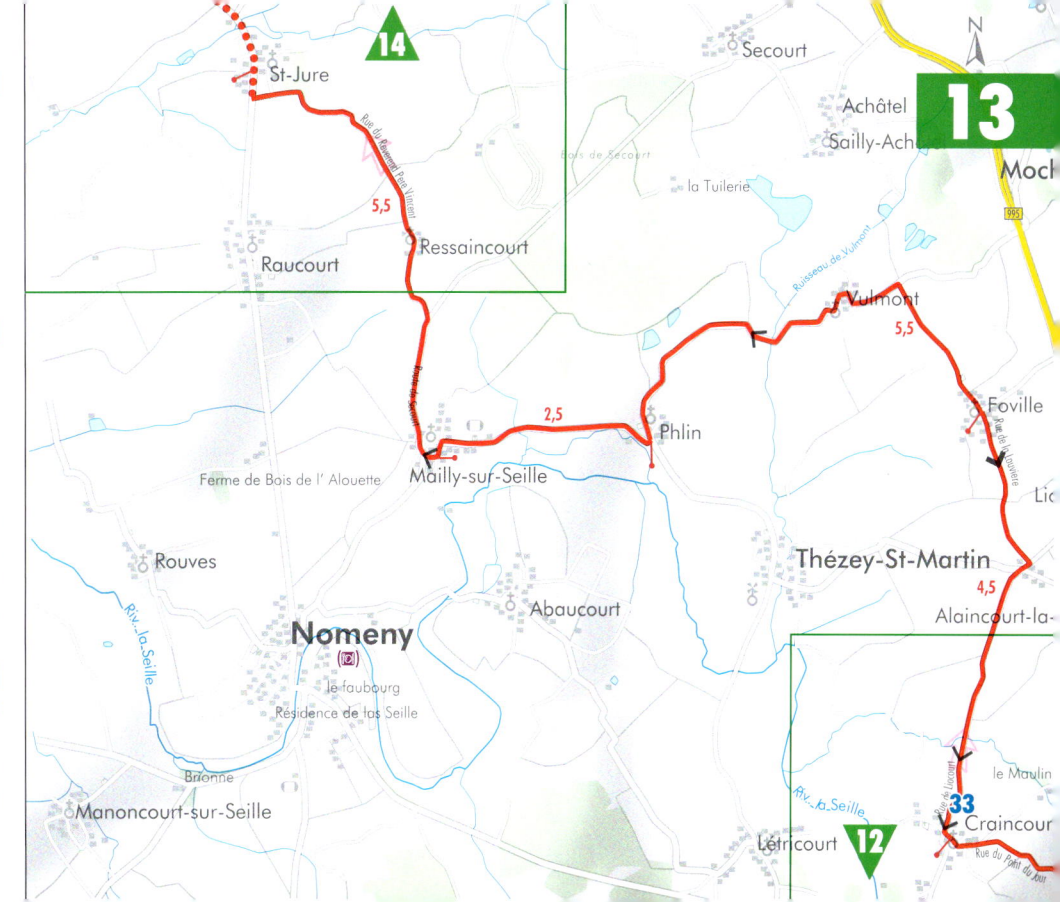

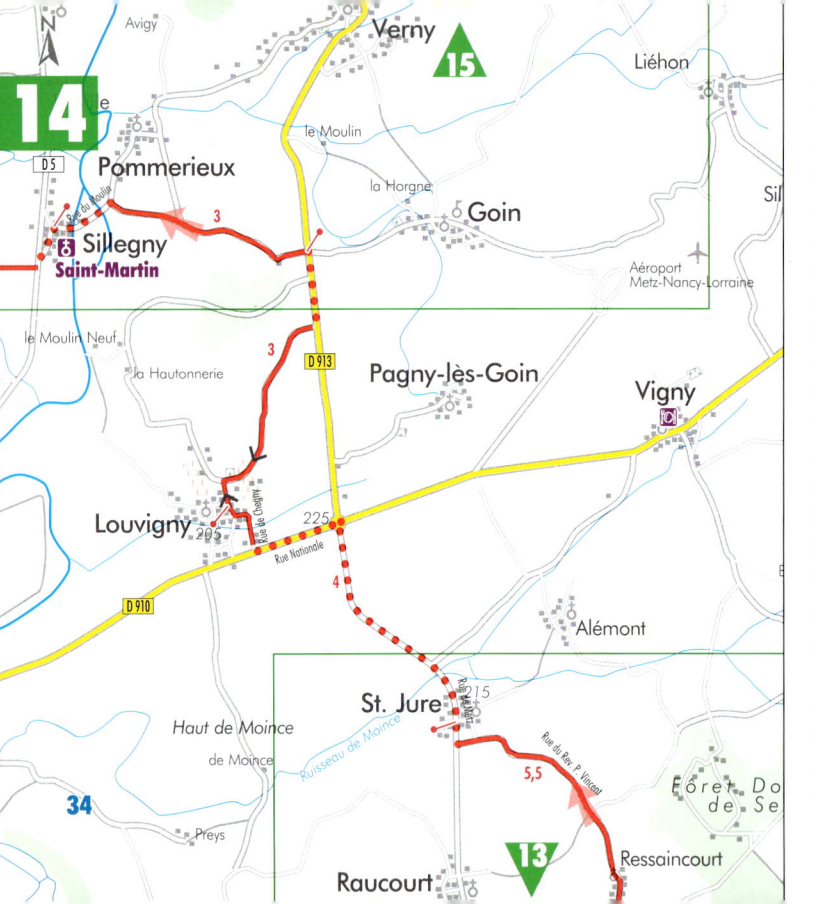

die **Rue de Metz** überqueren ↝ weiter auf der **D 67** ↝ es geht durch den Wald ↝ die **A 31** unterqueren ↝ an der Querstraße rechts Richtung Marieulles ↝ gleich nach dem Ortsschild an der Gabelung links auf die **Rue des Côtes**.

Marieulles

Dem Straßenverlauf durch den Ort folgen ↝ es geht bergauf und aus Marieulles hinaus ↝ vor Vezon dem Rechtsbogen der Straße folgen ↝ auf der **Rue des Vignerons** in den Ort hinein.

Vezon

Der Straße durch den Ort und auch im weiteren Verlauf folgen ↝ auf der **Rue de l'Abbé Marchal** nach Fey.

Fey

An der Querstraße links auf die **Route de Corny** Richtung Corny-sur-Moselle ↝ nach etwa 2,5 Kilometer ist Corny-sur-Moselle erreicht ↝ es geht nun auf der **Route de Fey** weiter.

Corny-sur-Moselle

Von Corny-sur-Moselle nach Metz   14 km

Vor der Bodenschwelle rechts in die **Rue d'Auche**.

Tipp: Bei Regen empfehlen wir, hier nicht rechts einzubiegen sondern geradeaus weiterzufahren, da das folgende unbefestigte Stück nach Regenfällen nur sehr schwer passierbar ist. Beim Kreisverkehr führt die Alternative dann rechts auf die Rue de Metz. In Jouy-aux-Arches trifft die Variante wieder auf die Hauptroute.

Die Hauptroute führt über eine kleine Brücke und weiter in die

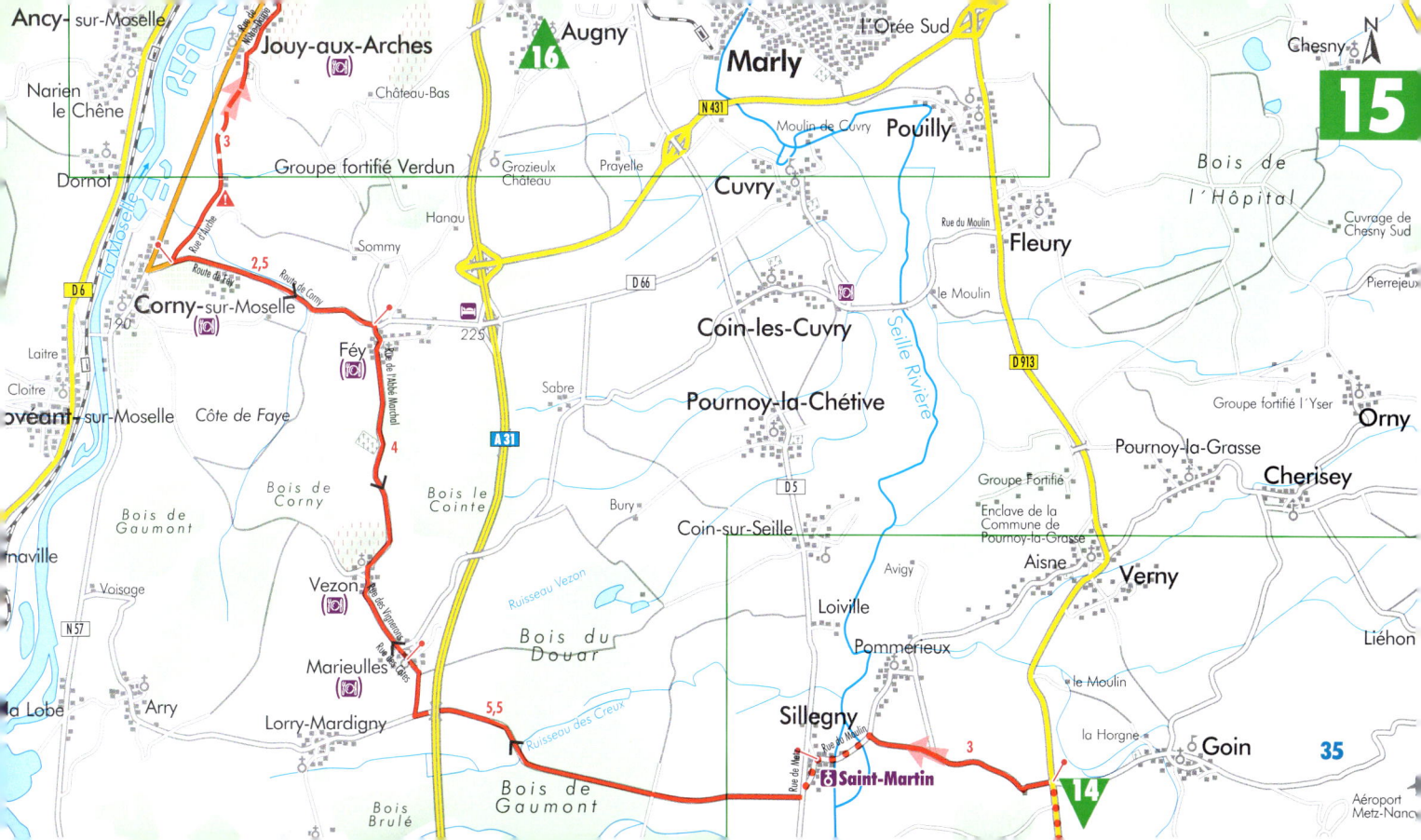

30 km/h-Zone — die Straße wird schmäler und der Asphalt endet — beim letzten Haus in einer Linkskurve leicht bergab.

⚠ **Tipp**: Achtung, hier ist eine Schwelle – Sturzgefahr!

Zwischen den Büschen hindurch — an einem Stall vorbei — auf dem holprigen Weg ca. 1,5 Kilometer bis nach Jouy-aux-Arches — bei den ersten Häusern beginnt Asphalt — am Friedhof vorbei — an der Vorfahrtsstraße geradeaus und zwischen den Steinmauern entlang auf der **Rue de Nôtre Dame** — an der Vorfahrtsstraße links und bis an die N 57.

Jouy-aux-Arches
❇ **römischer Aquädukt**

An der **N 57** rechts — ein kurzes Stück im Verkehr — unter dem römischen Aquädukt hindurch — kurz darauf bei dem Denkmal links einbiegen in die Sackgasse zur Freizeitanlage — direkt am Kanalufer nach rechts wenden.

Tipp: Hier beginnt der Radweg entlang des Canal de Jouy, der bis Metz führt. Sie finden

Infotafel am Canal de Jouy

an dieser Stelle eine Informationstafel über den Radweg.

Nun auf dem unbefestigten Weg am rechten Kanalufer weiter — unter der Straßenbrücke hindurch — bei der **Passerelle de la Polka** über eine Brücke ans andere Kanalufer und links daneben weiter — Links-Rechts-Kombination und unter der Bahn hindurch — um einen Teich herum und zurück an den Kanal — am Kanalufer links halten und weiter auf dem unbefestigten Weg — unter der Autobahn hindurch — in weiterer Folge unter der Bahn hindurch und nach Metz hinein, auf dem Weg links neben dem Kanal.

Auf diesem Weg gelangen Sie zum Freizeitgelände der **Ile St. Symphorien** am See **Plan d'eau** — hier führt der Weg rechts über den Kanal und an dessem rechten Ufer entlang — unter der Brücke **Moyen Pont** hindurch und unter dem **Pont des Roches** bis an die Brücke **Pont de la Prefecture** — hier rechts halten und im Linksbogen durch die Unterführung — an der Querstraße links und gleich wieder links durch den großen Torbogen — über die hölzerne Radfahrerbrücke, auf dem **Place de la Prefecture** links halten zum **Pont de la Prefecture**.

Metz
PLZ: F-57000; Vorwahl: 0387

🛈 **Office du Tourisme de Metz**, Place d'Armes, ✆ 555376

🏛 **Museen „La Cour d'Or"**, 2 rue du Haut Poirier, ✆ 682500, ÖZ: Mo, Mi-Fr 10-17 Uhr, Sa, So 11-17 Uhr. Archäologiesammlung, merowingische Schmuckwaren, die Chorschranke von St. Pierre aux Nonnains, herrliche bemalte Holzdecken, malerische Werke der Metzer Schule.

🏛 **Stefansdom/Cathédrale Saint-Etienne**, ✆ 755461. Stammt aus dem 13.-16. Jh., mit Kirchenfenstern von Chagall und insgesamt 6.500 m² Kirchenfensterfläche (13.-20. Jh.), aus dem gelben Kalkstein von Jaumont erbaut.

- **Arsenal**, ✆ 399200. Das Militärarsenal stammt aus der Zeit Napoleons III., großer Konzertsaal mit 1.300 Plätzen, hier finden Vorstellungen in allen künstlerischen Bereichen statt.

Metz, die Hauptstadt Lothringens ist mit seinen über 300.000 Einwohnern heute eine moderne Stadt, in der die industrielle Entwicklung im Laufe der Zeit das Stadtbild rund um das Zentrum verändert hat. Die Altstadt nahe der Mosel bezaubert den Besucher jedoch weiterhin mit historischen Bauwerken, zahlreichen gotischen Kirchen und barocken Platzanlagen.

Die Geschichte der Stadt begann schon vor rund 3.000 Jahren. Sie war einst die Hauptstadt der keltischen Mediomatriker. Nach der römischen Eroberung wurde das keltische Oppidum zu einer ansehnlichen Stadt mit dem Namen Divodorum Mediomatricorum. Daraus wurde in der Folge dann die Bezeichnung Mediomatrici, dann Mettis, der Sprung zum Namen Metz war dann nicht mehr weit. Metz entwickelte sich

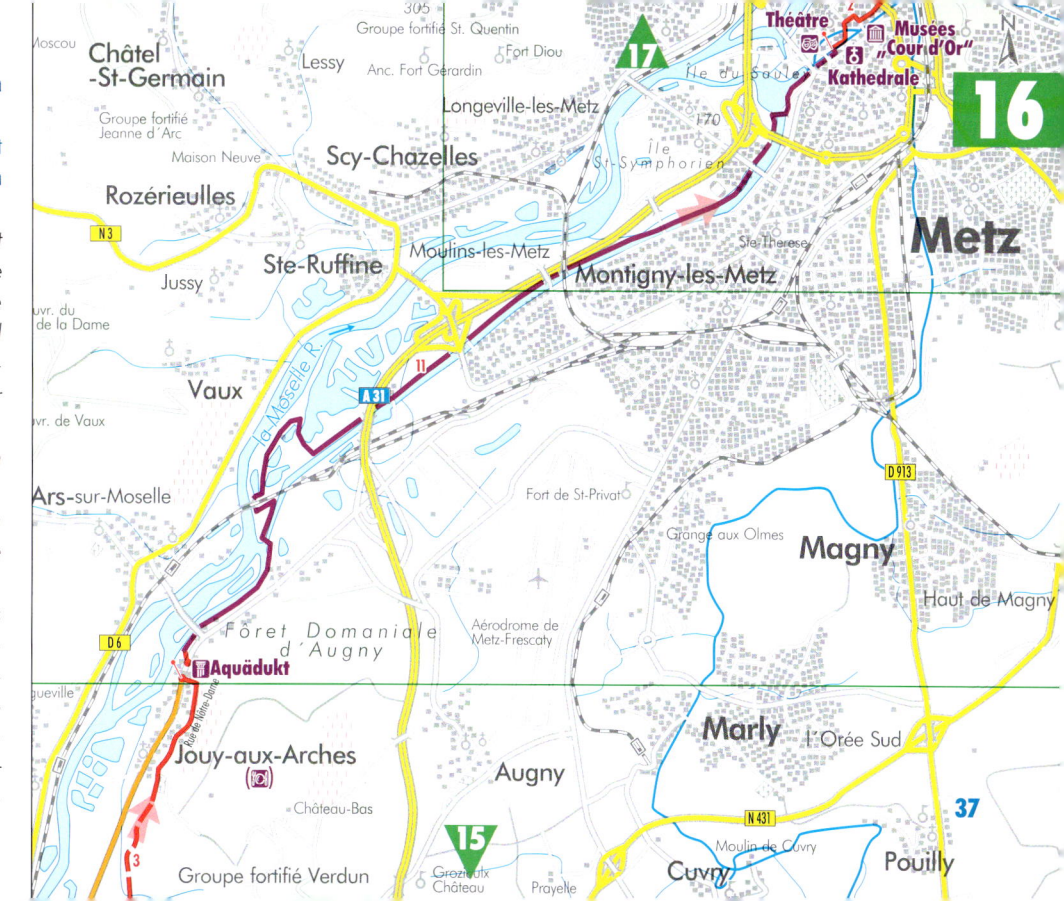

Metz – An der Mosel

damals zum größten gallo-romanischen Zentrum und überflügelte damit sogar das alte Paris.

Die reiche Anzahl an Kirchen stammt aus dem Mittelalter als Metz eine Bischofsstadt war. Handel und Wirtschaft blühten auf, die Bürger wurden selbstbewusster und erkämpften sich das Recht zur freien Reichsstadt.

Die Reformation brachte dann erneut Bewegung in die messinische Geschichte. Ein Großteil der Bürger bekannte sich zum evangelischen Glauben und erbat sich die Hilfe Frankreichs. Der damalige französische König Henri II. erhielt im Gegenzug die Souveränität über die drei Bistümer Metz, Toul und Verdun. In der Folge wurde Metz ein wichtiger militärischer Standpunkt der Franzosen und zu einer starken Festung umgebaut. In den letzten 130 Jahren wurde Metz zweimal von den Deutschen besetzt, 1944 von den Amerikanern endgültig befreit und Frankreich wieder zugesprochen.

In Metz beginnt nun der Mosel-Radweg auf den Sie später noch treffen werden. Die Mosel ist vor allem für den Weinbau an den Hängen bekannt ist.

Der Moselwein

Feinfruchtige, mineralische Rieslingweine aus Schiefersteillagen sind das Markenzeichen des ältesten deutschen Weinanbaugebietes an Mosel, Saar und Ruwer. Schon die alten Römer bauten vor rund 2.000 Jahren an den Steilhängen der Flusstäler Wein an. Wichtigste Rebsorte ist der Riesling. Die Steilhänge und Terrassenweinberge an Mosel, Saar und Ruwer mit ihren mineralreichen Schieferböden bieten die idealen Bedingungen für den Anbau der Rieslingrebe. Die Moselregion ist größtes geschlossenes Steillagenweinbaugebiet mit den steilsten Weinbergen Europas und größtes Rieslinganbaugebiet der Welt.

Das milde Mikroklima in den steilen, nach Süden ausgerichteten Weinbergen verschafft dem spät reifenden Riesling, der oft erst im November geerntet wird, eine lange Vegetationsperiode. Die Reben haben ausreichend Zeit, Mineralien und Extrakte in ihren Beeren zu sammeln. Rieslingweine von Mosel, Saar und Ruwer bestechen daher durch eine große Fülle an Aromen, geschmacklicher Tiefe und Komplexität, ohne schwer zu sein.

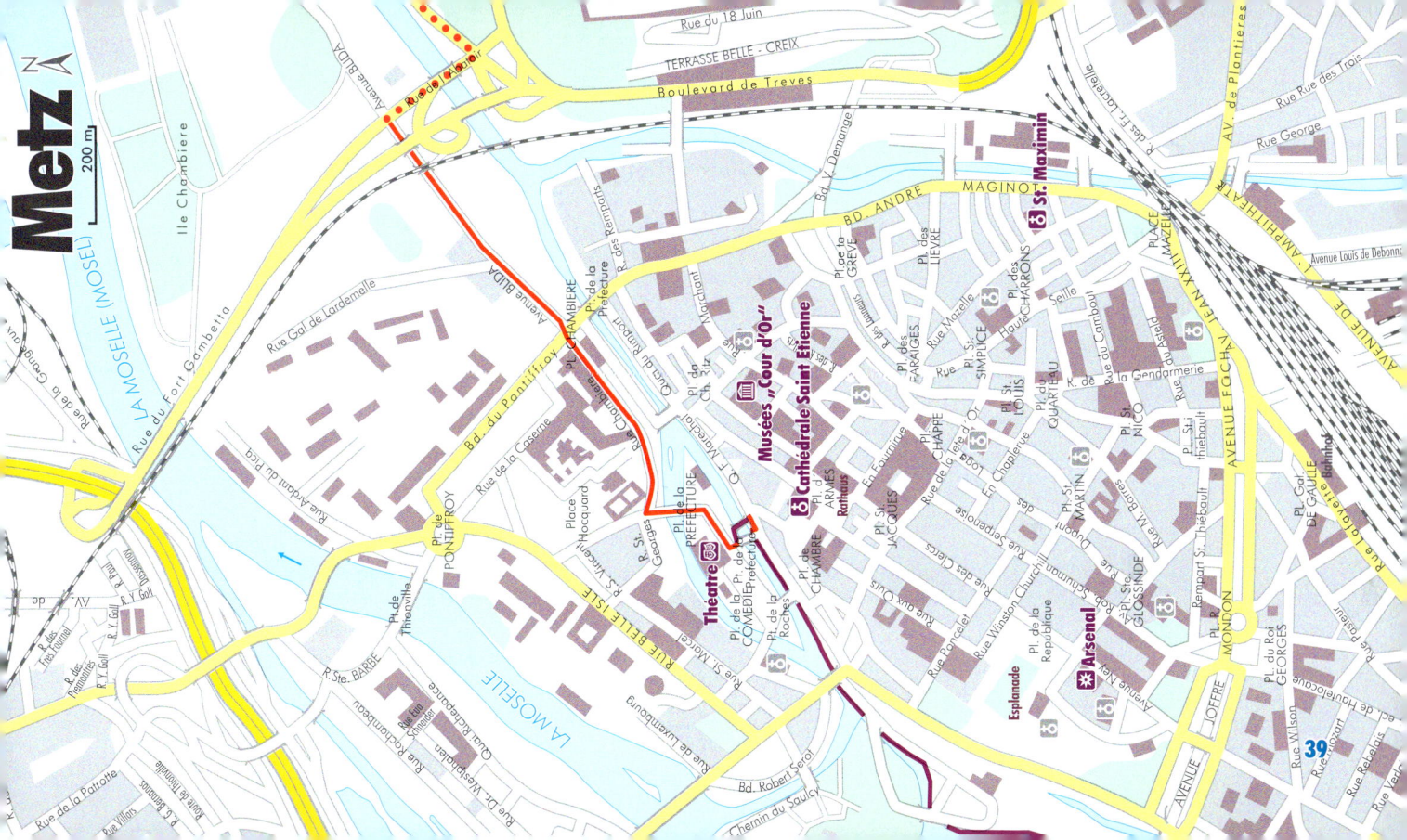

Metz

200 m

39

In den vergangenen Jahren hat eine starke Qualitätsdynamik die Region erfasst. Zu den weltweit bekannten Gütern gesellen sich viele neue Namen, die mit Qualitätsstreben und hervorragenden Gewächsen von sich reden machen. Neben lieblichen und edelsüßen Rieslingweinen produzieren die Winzer an der Mosel zunehmend harmonisch-trockenen Riesling, der sich sehr gut als Begleiter zu Fisch, Meeresfrüchten, Geflügel und Salaten eignet. Weine mit dezenter Restsüße passen hervorragend zu vielen asiatischen Gerichten.

Eine Spezialität der Region ist die alte Rebsorte Elbling, die heute vor allem auf den Muschelkalkböden der Obermosel angebaut wird. Elbling ergibt meist trockene, unkomplizierte Weine, die sich – ebenso wie Riesling – sehr gut zur Veredelung zu Winzersekt eignen.

Der Rivaner (Müller-Thurgau) ist die zweithäufigste Rebsorte an der Mosel. Die meisten Weingüter bieten zudem Weißen und Grauen Burgunder an. Rotwein – allen voran Spätburgunder und Dornfelder – wird auf etwa 9 Prozent der Anbaufläche erzeugt. Damit knüpfen die Winzer an die Rotweintradition vergangener Jahrhunderte an, als an Mosel und Saar häufig Spätburgunder angebaut wurde.

Ein Aufenthalt in der 2.000-jährigen Weinkulturlandschaft der Mosel bietet die Möglichkeit, die Vielfalt der Weinregion beim Erlebniseinkauf im Weingut zu entdecken. 1.500 Winzerbetriebe bieten Gästezimmer und Ferienappartements an, viele Winzer betreiben Straußwirtschaften und Gutsschänken.

Metz – Place de la Comedie

Von Metz nach Luxemburg

98 km

Das lothringische Metz ist der Startpunkt des zweiten Abschnitts der Tour. Durch kleine Orte und hübsche Dörfer führt die Route nach Koenigsmacker und an die Mosel. Entlang diese Flusses verläuft die Strecke nun bis Remich, wo Sie sich von der Mosel trennen müssen. Durch die Weinberge oberhalb der Mosel „erklimmen" Sie die Hauptstadt des Großherzogtums Luxemburg. Luxemburg beeindruckt mit seinen mächtigen efeuumrankten Bastionen, erstaunt durch die gewaltigen und modernen Glaspaläste der Banken und verführt zu ausgedehnten Spaziergängen mit romantisch verwinkelten Gassen.

Der zweite Abschnitt verläuft fast durchgehend auf Asphalt. Von Metz bis an die Mosel führt die Route über befestigte, meist ruhige Landstraßen. Bis Remich folgen Sie dann dem Mosel-Radweg. Weiter nach Luxemburg geht es dann teilweise bergauf auf Wirtschaftswegen und Landstraßen dahin.

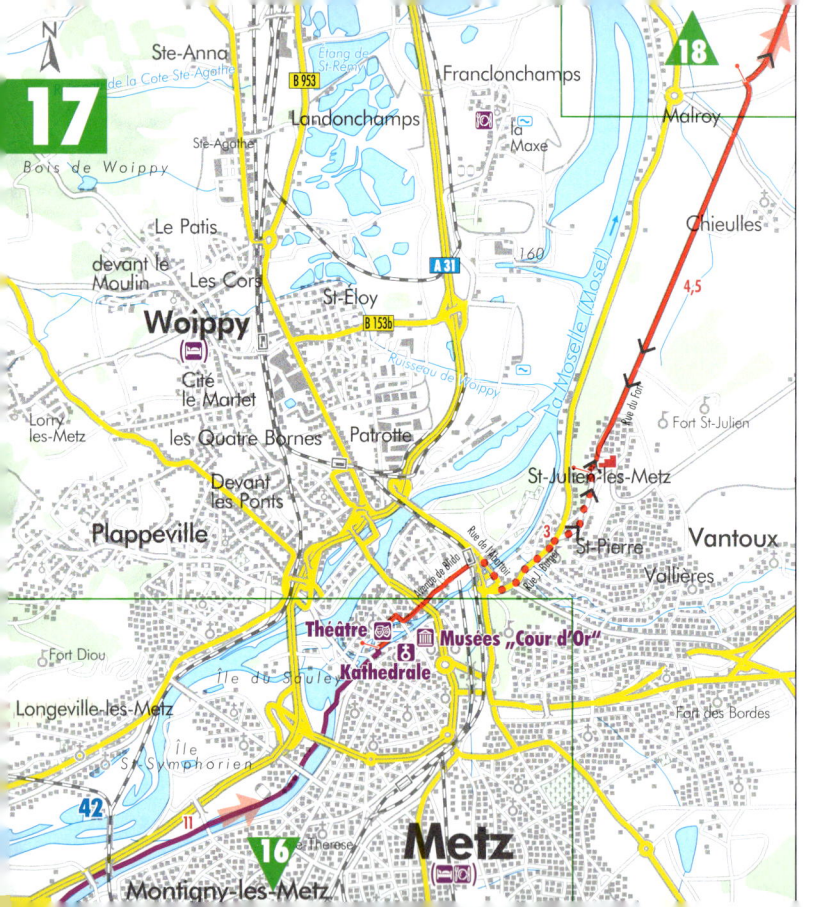

Von Metz nach Aboncourt 21,5 km km

Tipp: In Metz besteht neben der Weiterfahrt mit dem Fahrrad die Möglichkeit mit der Bahn bis nach Thionville zu reisen. Von dort gelangen Sie dann entlang der Mosel wieder zur Radroute. Es gibt regelmäßige Verbindungen und die Fahrradmitnahme ist problemlos möglich. Infos bekommen Sie bei der SNCF unter ✆ 0180/5218238 od. ✆ 0033 (0)892 35 35 36, die aktuellen Fahrpläne finden Sie unter: www.voyages-sncf.com.

Vom **Place de la Préfecture** auf der **Rue du Pont Moreau** über den **Bras de la Moselle** ↝ dann in die erste Straße nach rechts, in die **Rue Chambière** ↝ die Place Chambière queren und auf der **Avenue de Blida** geradeaus weiter ↝ die Bahn sowie die Straße unterqueren ↝ bei der Straßenbrücke rechts abbiegen ↝ auf der **Pont de l'Abattoir** die Mosel überqueren ↝ an der Kreuzung links auf die **Rue Jean Burger** ↝ an der Gabelung links halten ↝ auf dieser Straße durch **St. Pierre** ↝ an der Gabelung rechts, bergauf weiter ↝ die Route führt nach St.-Julien-lès-Metz.

Metz – La Prefecture

St.-Julien-lès-Metz

An der Gabelung links — weiterhin bergauf — an der Gabelung gleich darauf rechts — vorbei an einem Friedhof und das Rad die Holztreppen hinaufschieben — vor zur Straße, diese geradeaus überqueren — geradeaus in die **Rue d'Antilly** — es geht stark bergauf — dem Linksbogen der Straße folgen — rechts auf die **Rue du Fort,** vorbei an einem Elektrizitätskraftwerk — die Kreuzung geradeaus überqueren — an der Querstraße links — an der nächsten Querstraße gleich darauf rechts Richtung Antilly — dem Straßenverlauf folgen — die **A 4** unterqueren — kurz danach beginnt auf der linken Seite der Straße ein Radweg — weiter bis Antilly.

Antilly

In Antilly links der **Hauptstraße** weiterfahren — vor zur **Allée des Marronniers** — auf diese links auffahren — aus Antilly hinaus — die Route führt links von dieser Straße weg — der Straße nun, vorbei an Feldern, für ca. 5,5 Kilometer folgen — die Route führt nach Bettelainville — weiter auf der **Rue de Metz**.

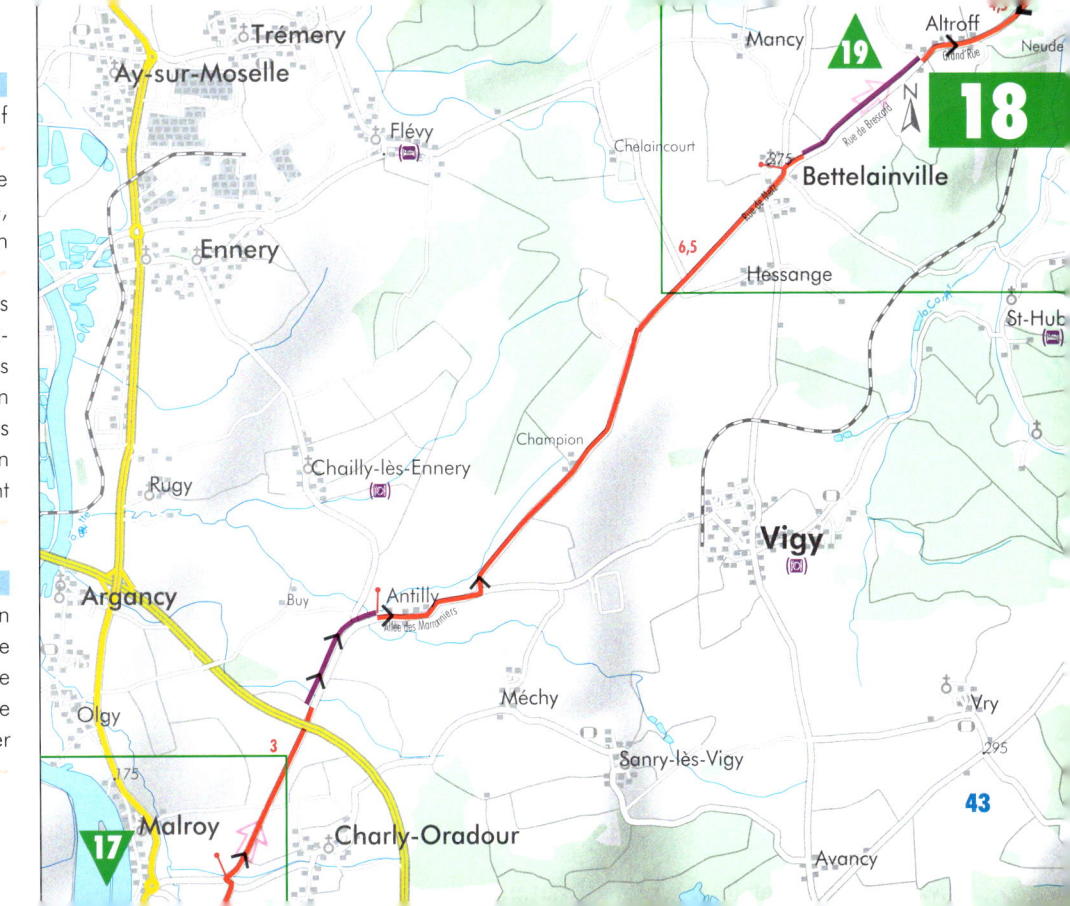

43

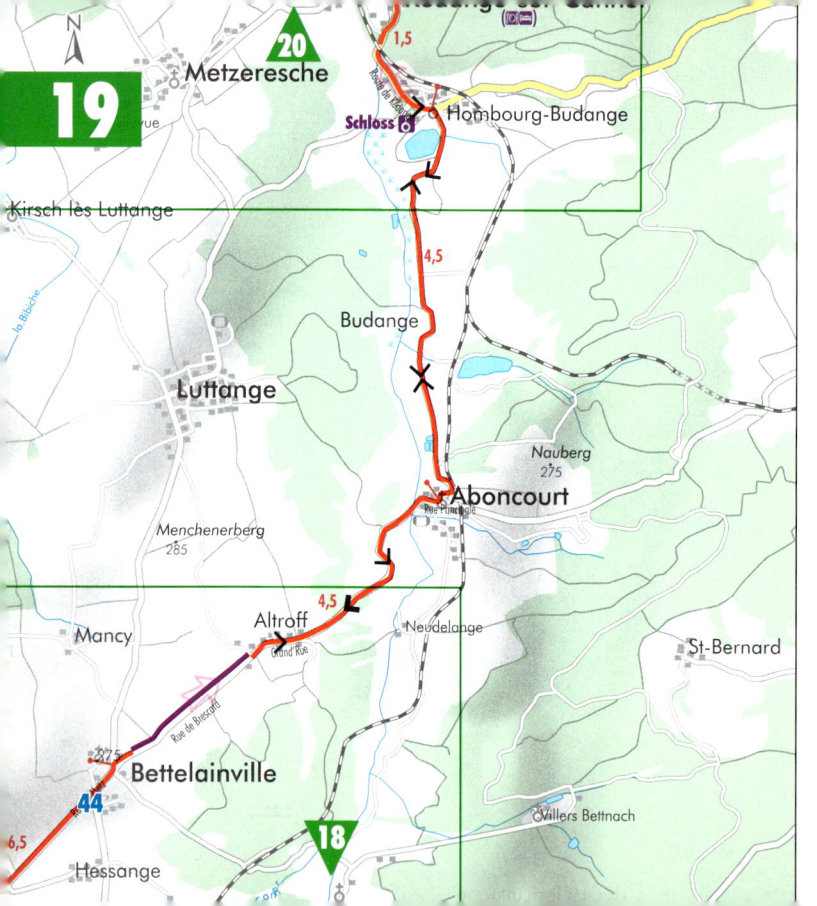

Bettelainville

Gleich nach der Linkskurve der Straße rechts in die **Rue de Brescard** ↷ kurz nach Ortsende beginnt auf der linken Seite der Straße ein Radweg ↷ auf diesem nach Atroff ↷ weiter direkt auf der Straße, der **Grand'Rue**.

Altroff

Rechts an der Kirche vorbei und dem Verlauf der Straße folgen ↷ die Route führt stark bergab ↷ vorbei an Feldern der **D 55** folgen ↷ auf der **Rue Principale** nach Aboncourt hinein.

Aboncourt

Von Aboncourt nach Koenigsmacker   17 km

Bei der Kirche links Richtung Hombourg und Budange ↷ aus Aboncourt hinaus und der Linkskurve der Straße folgen ↷ dem Straßenverlauf im leichten bergauf und bergab, vorbei an Kuhweiden, folgen ↷ durch **Budange** hindurch ↷ weiter dem Straßenverlauf folgen ↷ nach der Rechts- sowie der Linkskurve ist links ein Schloss zu sehen ↷ die Straße führt nach Hombourg-Budange.

Homburg-Budange

6 **Schloss**, erbaut im 16. Jh.

An der Querstraße links Richtung Thionville ↷ rechts an der Kirche vorbei und weiter dem Verlauf der **Route de Kédange** folgen ↷ die Gleise unterqueren und nach Kédange-sur-Canner hinein.

Kédange-sur-Canner

Die Straße nach rechts Richtung Koenigsmacker verlassen ↷ es geht auf der **Rue de l'Eglise** dahin ↷ an der Gabelung links auf die **Rue des Moulins** ↷ vorbei an einem Sportplatz ↷ auf dieser Straße durch **Elzing** hindurch ↷ weiter nach Buding.

Buding

Auf der **D 2** durch den Ort → dem Verlauf der Straße durch **Moulin Haut** nach Hastroff folgen.

Hastroff

Vorbei am Ortsschild von **Elzange** → weiter zu den ersten Häusern von Koenigsmacker → vorbei an Sportplätzen und vor zur **Rue de Thionville**.

Koenigsmacker

Von Koenigsmacker nach Contz-les-Bains 13,5 km

Links auf die **Rue de Thionville** → über eine Brücke und rechts auf die **Rue de l'Ecluse** → den Kreisverkehr geradeaus überqueren → über Gleise und weiter auf der **D 56** dem Rechtsbogen der Straße folgen → bevor es über den Moselkanal geht, rechts in den Weg.

Tipp: Von hier können Sie einen Abstecher nach Thionville machen. Dazu einfach den Kanal überqueren und nach links entlang der Mosel, den Radschildern des Mosel-Radweges folgend, für 11 Kilometer bis Thionville radeln.

Thionville

PLZ: F-57100

- **Office du Tourisme**, 16 rue du Vieux Collège, ☏ 0382533318
- **Regionalmuseum**, im Flohturm.
- **Klarissinenkloster**, stammt aus dem Jahr 1629, heute befindet sich hier an dieser Stelle das Rathaus.
- **Wachturm**, stammt aus dem 12. Jh.
- **Holiday Bike**, rue Jean Renoir, ☏ 0382884516

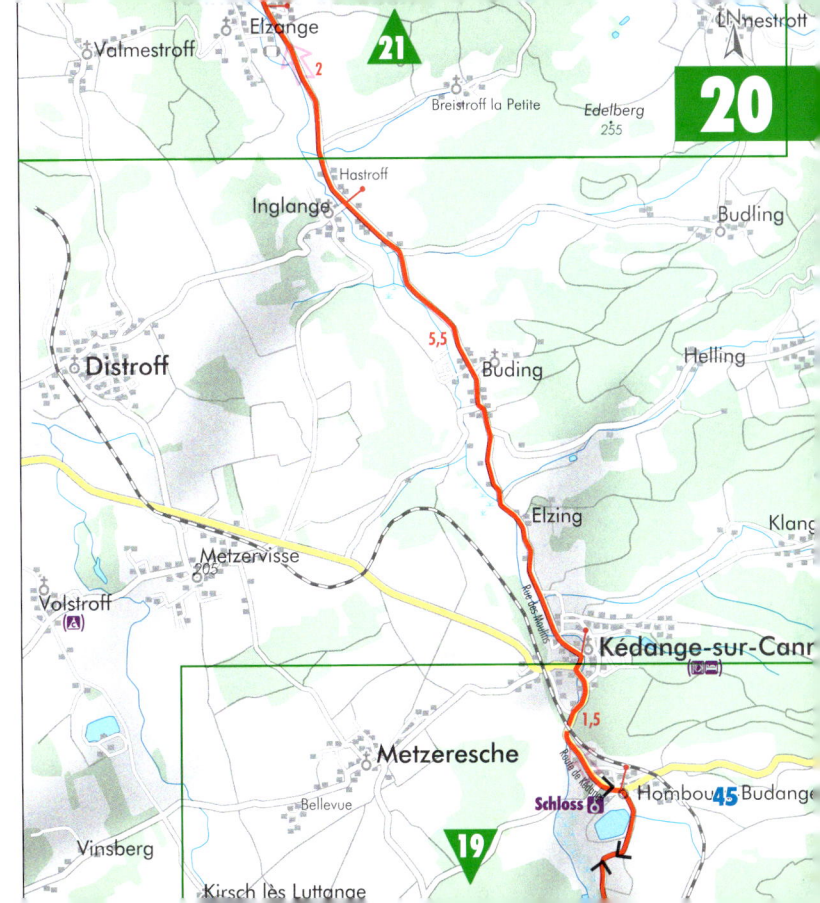

Auf der Hauptroute nun einfach dem Weg rechts der Mosel bis Malling folgen → in **Malling** führt die Route ans linke Ufer → dazu die Brücke unterqueren und dann noch rund 400 Meter am Ufer entlang → hier nach rechts und an der nächsten Querstraße erneut nach rechts in die Ortsmitte von Malling.

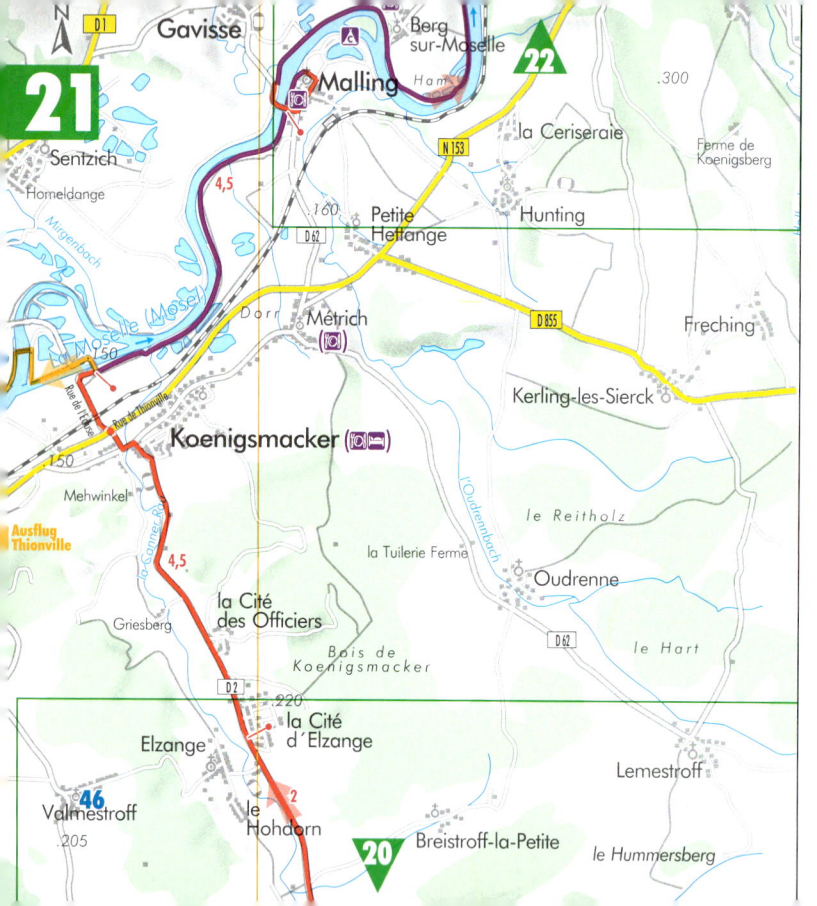

Malling

Nun wieder die Mosel überqueren ↷ nach der Brücke noch 200 Meter auf der Straße ↷ in der Linkskurve im spitzen Winkel rechts abbiegen ↷ am Ufer nach links wenden und bis Contz-les-Bains am linken Ufer weiter ↷ vorbei an **Berg-sur-Moselle** ↷ der Radweg dauert noch bis auf die Höhe von **Haute Kontz** an, hier dann auf die **D 64**, eine ruhige Landstraße, wechseln.
An der **D 64** rechts Richtung Schengen ↷ sogleich ist **Contz-les-Bains** erreicht ↷ rechts am Radweg weiter.

Contz-les-Bains

Von Contz-les-Bains nach Luxemburg   46 km

Die Brücke unterqueren ↷ in einem Linksbogen zur Straße ↷ links halten und über die Mosel fahren ↷ am rechten Ufer angekommen, noch vor dem Bahnübergang links auf den Radweg ↷ auf diesem Radweg nach **Sierck-les-Bains** ↷ hier endet der Radweg ↷ unter den Bahngleisen hindurch ↷ zur

Rechten liegt das Zentrum, für die Weiterfahrt nach links wenden.

Sierck-les-Bains
PLZ: F-57480

ℹ **Office de Tourisme**, Rue du Château, ✆ 837414

Die Route verläuft rechts der Bahn nach **Apach** immer geradeaus durch die Ortschaft kurz vor der Grenze zwischen Frankreich und Deutschland wird eine Querstraße erreicht im spitzen Winkel nach rechts wenden vor der Hauptstraße links auf den straßenbegleitenden Radweg nach Perl.

Perl   s. S. 103

Hier neuerlich über die Brücke und in einem Rechtsbogen von der Brücke hinunter nach Schengen.

Schengen

Dieses kleine schmucke Dorf an der Mosel wurde wegen des Schengener Abkommens bekannt. Dieses Abkommen garantiert den freien Waren- und vor allem den freien Personenverkehr innerhalb jener Länder der EU, welche diesem Abkommen beigetreten sind.

Dem Flussverlauf der Mosel folgend aus Schengen hinaus   unter der Autobahn

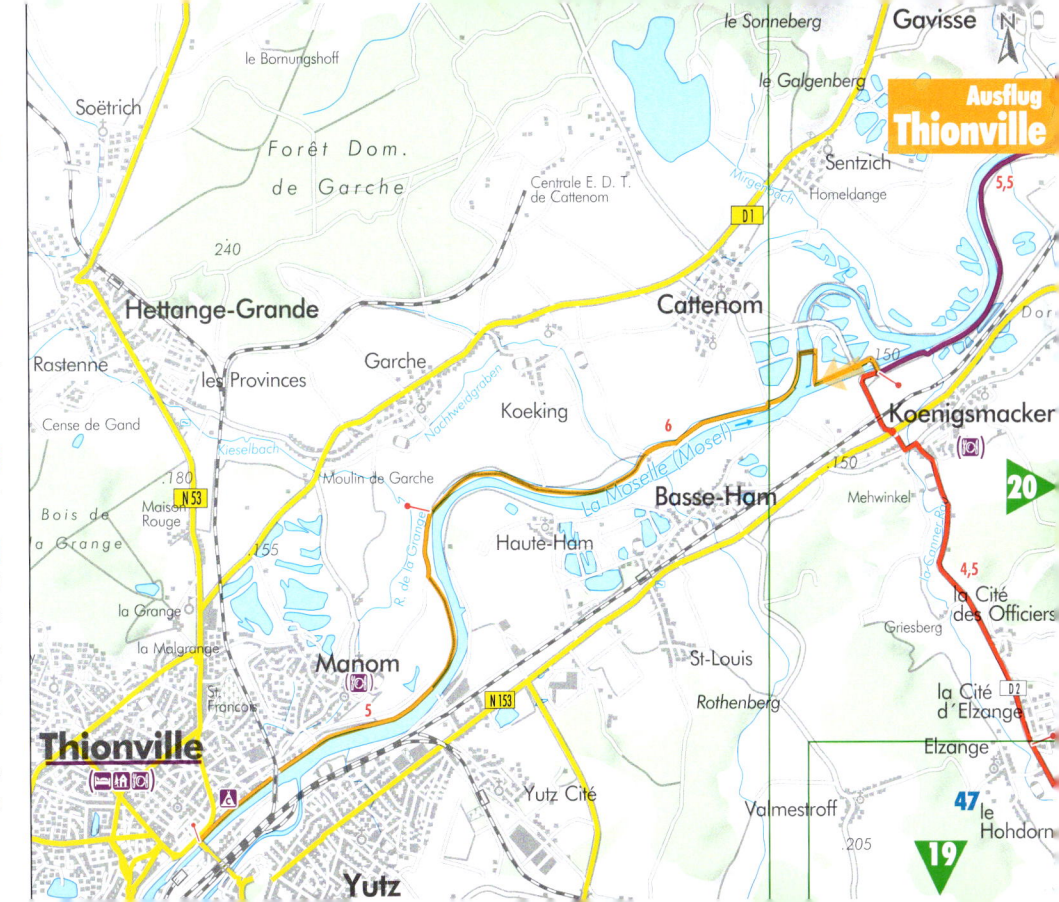

Weinberge an der Mosel

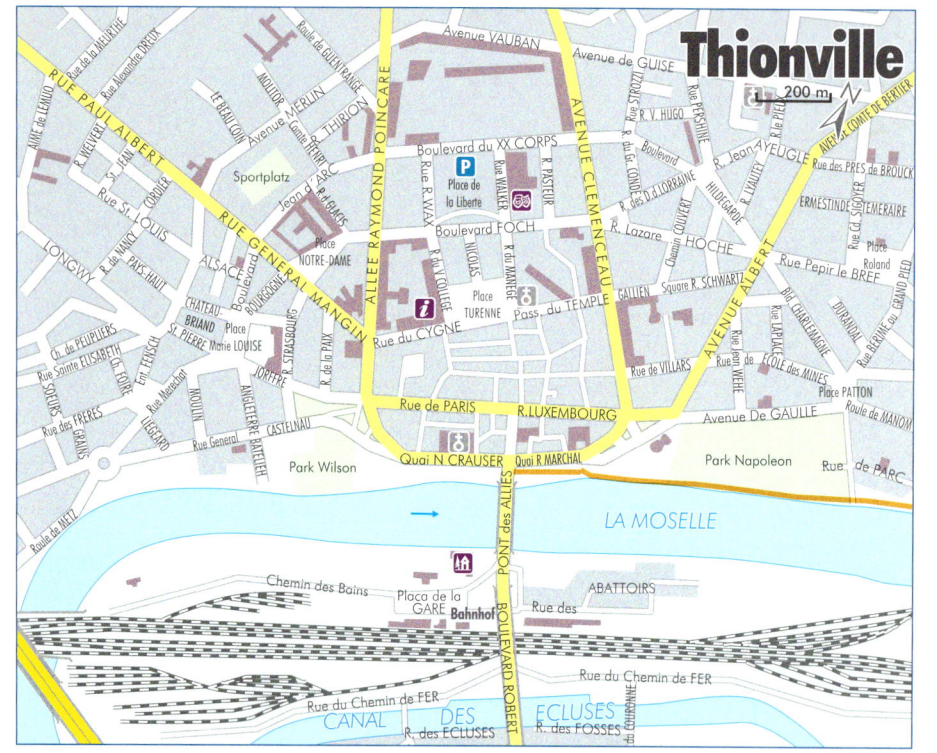

hindurch — gleich darauf trifft der Radweg wieder die Hauptstraße — die Route verläuft nun zwischen Mosel und Hauptstraße.

Die Ortschaften **Wintrange** und **Schwebsange** passieren — kurz nach **Bech-Kleinmacher** wechselt der Radweg auf die andere Straßenseite — stets geradeaus — kurz vor den Sportanlagen und den Parkplätzen links ab in die **Rue de Macher** — bei der ersten Gelegenheit erneut links abbiegen — vor zur Vorfahrtsstraße — die **Avenue Lamort-Velter** — dort rechts — vor bis zur Kirche von **Remich**.

Sierck-les-Bains

Remich
PLZ: L-5533

- **Tourist-Information**, Esplanade (Busbahnhof), ✆ 368488, ÖZ: Juli, Aug. tägl. 10-17 Uhr.
- **Mosel-Schiffahrt**, Navitours, ✆ 758489
- historische Altstadt
- **Uferpromenade**. Die zahlreichen Gastronomiebetriebe entlang dieser scheinbar endlosen Promenade laden zum Verweilen ein.

Tipp: Die Route entfernt sich nun von der Mosel und auf den nächsten Kilometern kommt eine konditionelle Herausforderung auf Sie zu.

Gleich nach der Kirche links in die **Rue de la Gare** abbiegen beim darauffolgenden Kreisverkehr kurz geradeaus, um gleich nach links Richtung **Scheierbierg** abzubiegen auf der Straße geradeaus radeln vorbei an einem Friedhof es folgen einige Steigungen bald ist Scheierbierg erreicht.

Scheierbierg

Es folgen etliche Kurven bis nach 5 Kilometer der kleine Ort **Ellange-Gare** erreicht ist hier rechts abzweigen von der Vorfahrtsstraße rechts ab nach Ellange.

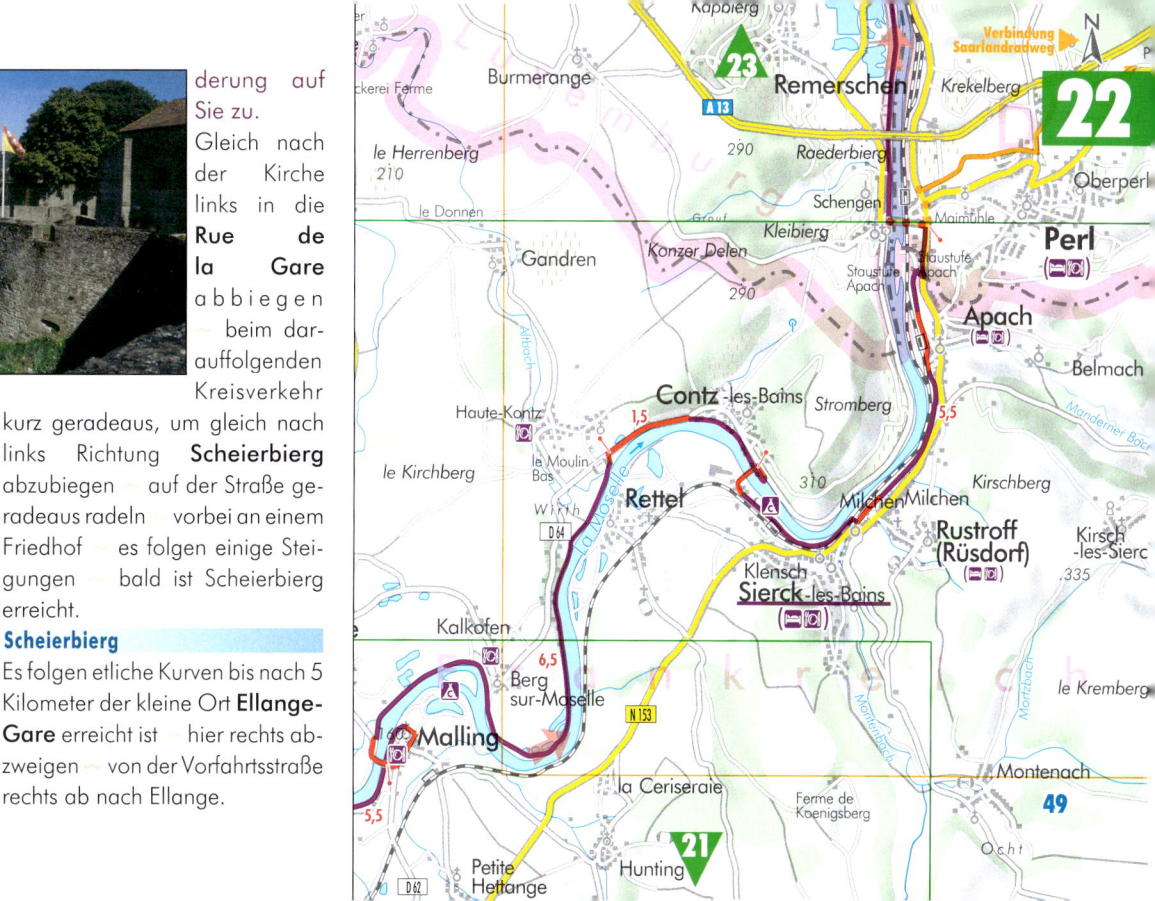

49

23 Weiler-la-Tour

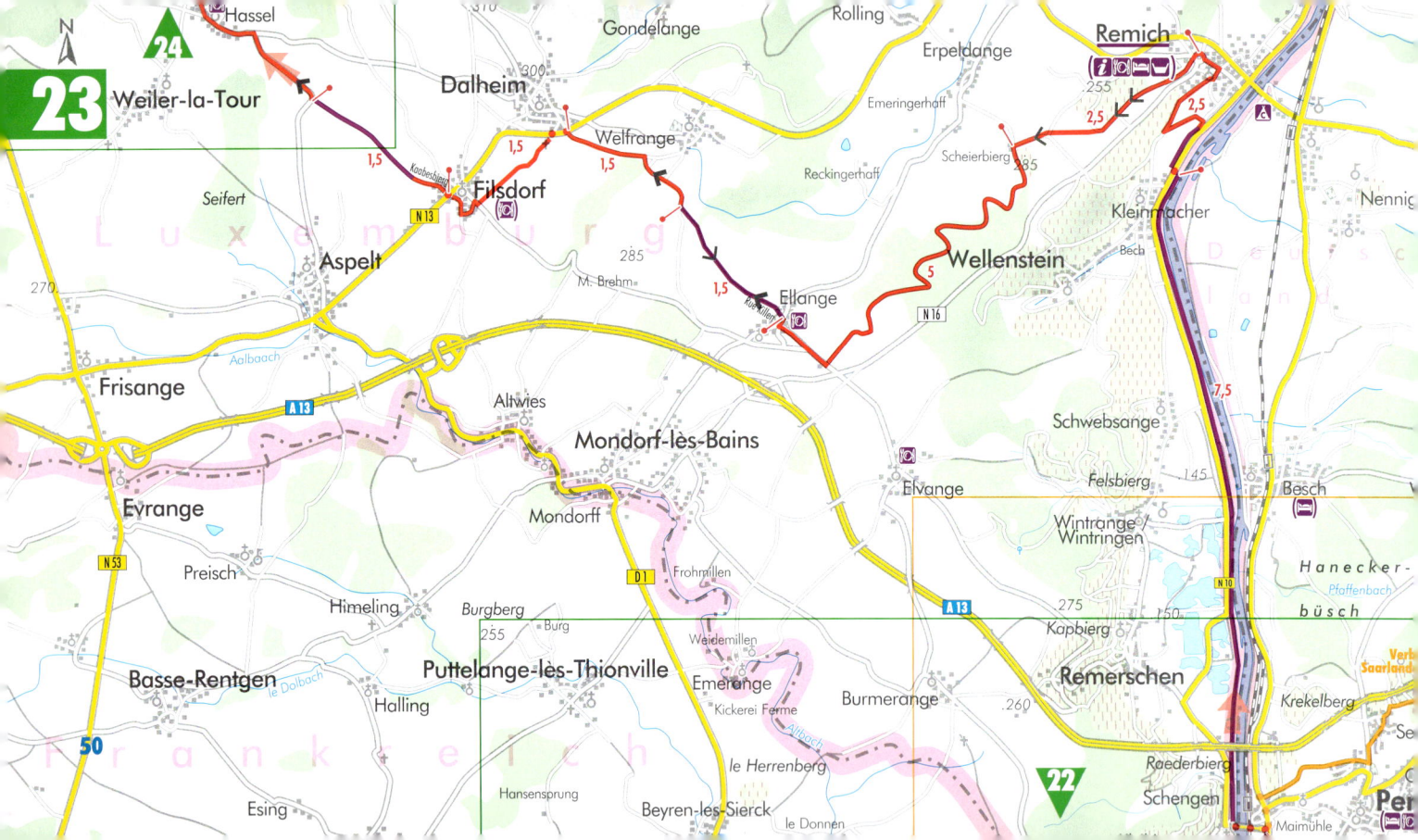

Ellange

Geradeaus bis an die Kirche — hier rechts und gleich wieder links bei dem Bildstock in die **Rue Killen** — nach Ortsende weiter auf dem Landwirtschaftsweg — an der folgenden T-Kreuzung links halten — bergauf in der Rechtskurve — an der Vorfahrtsstraße rechts — gleich darauf eine Linkskurve — in der folgenden Rechtskurve der Straße links abbiegen — bergauf direkt auf den Wald zu.

⚠ Tipp: Am Ende des Waldes gibt es Schlaglöcher!

Dem Straßenverlauf bis an die **N 13** folgen — hier links — gleich darauf erneut links ab auf den **Läichewee** — in einer Rechts-Links-Kombination in die Straße **Am klengen Eck** — bei der T-Kreuzung rechts — beim Abzweig links halten — vor zur **N 13**.

Filsdorf

Schräg links in die Straße **Kaabesbierg** und nach den letzten Häusern weiter auf dem Landwirtschaftsweg — vorbei an einem Stall und weiter bis an die Vorfahrtsstraße — hier geradeaus — es geht stark bergauf — danach leicht bergab an die nächste Vorfahrtsstraße — hier links nach Hassel.

Hassel

Durch den Ort hindurch — an der Kirche vorbei — dem Straßenverlauf folgen Richtung Hesperange und Alzingen — die Strecke verläuft wellig — in den Wald hinein — starker Linksbogen und weiter durch saftiges, grünes Weideland — über die Bahn und wiederum in den Wald hinein.

Alzingen

🚲 **NEW Maga Bike SA**, De la Jeun, Sacrif, 8 al, ✆ 360801

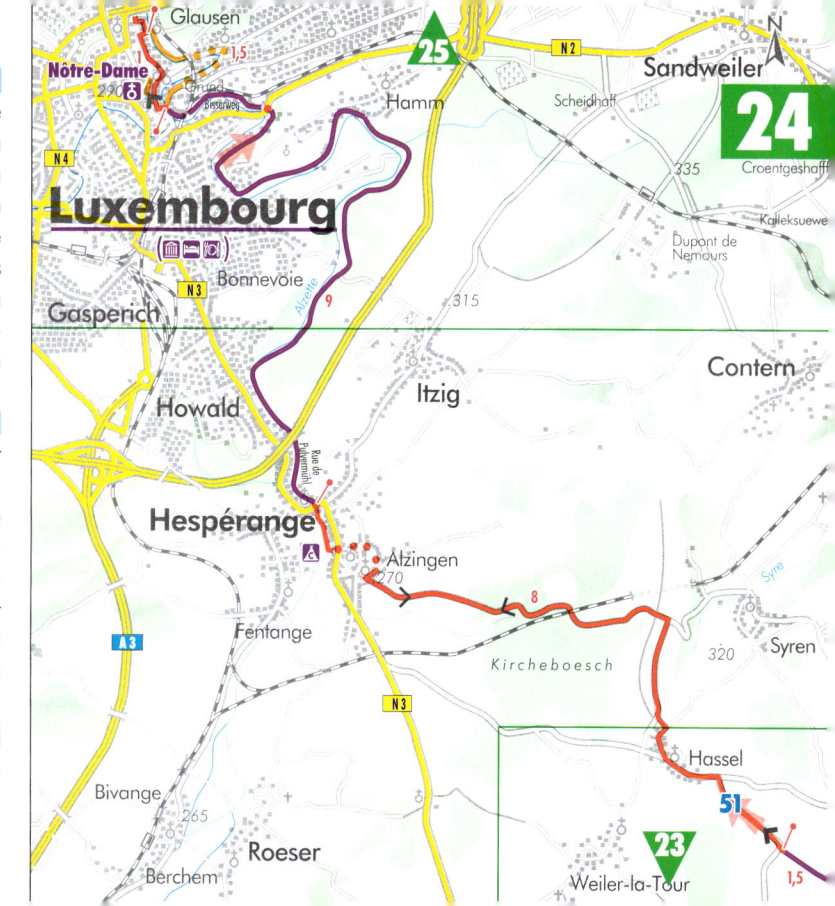

In Alzingen an der Querstraße rechts und dem Straßenverlauf folgen — um die Kirche herum — die Bundesstraße queren — rechts halten — vorbei am Campingplatz — erneut die **N 3** queren — am Radweg immer dem Lauf der Alzette folgen — nach dem queren der **Rue de Hamm** weiter in der **Rue de Pulvermühl**, die weiterhin auf der rechten Seite des Baches verläuft.

An manchen Stellen ragen hohe Felswände aus dem Wald heraus, die gut veranschaulichen, wie sich der Bach in den Untergrund eingegraben hat.

Auch an der Querstraße **Val de Hamm** die Fahrt rechts der Alzette auf dem **Bisserweg** fortsetzen — am Ende des Bisserweges links über eine Brücke.

Tipp: Hier gelangen Sie zu einem Aufzug, der Sie in die Obere Stadt transportiert oder Sie fahren mit dem Fahrrad links weiter. Es ist nun nicht mehr weit ins Zentrum und einer Besichtigung der ehemaligen Festung steht nichts mehr im Wege.

Luxemburg – Adolphe-Brücke

Luxemburg
Vorwahl: 00352

- **Office National du Tourisme**, Bahnhof, ✆ 42828220
- **Luxemburg City Tourist Office**, Place d'Armes, ✆ 222809
- **Städtische Bildergalerie**, Avenue E. Reuter 18 (Stadtpark). In der Villa Vauban ist zeitweise eine erlesene Sammlung holländischer und flämischer Meister aus dem 17. und 18. Jh. zu sehen.
- **Stadtmuseum**, ✆ 47964500. Hinter dem Großherzoglichen Palais. Interessante Archäologieabteilung, gut bestücktes Münzenkabinett, Dokumentation der verschiedenen Besatzungsepochen und Exponate der luxemburgischen Wohnkultur (Gobelin-Sammlung).
- **Historisches Museum**, Rue du Saint-Esprit 14, ✆ 47964500, ÖZ: Di-Mi 10-18 Uhr, Do 10-20 Uhr, Fr-So 10-18 Uhr. Das Museum bietet Informationen zur urbanistischen und architektonischen Entwicklung Luxemburgs. Außerdem kann man auch etwas über die wechselnden Lebensbedingungen der Einwohner im Laufe der Zeit erfahren.
- **Nationalmuseum für Naturgeschichte**, Rue Münster 25, ✆ 4622331, ÖZ: Di-So 10-18 Uhr. Im Mittelpunkt des Museums stehen die Geologie und Zoologie Luxemburgs. Anhand einer Datenbank kann man Informationen zur heimischen Natur- und Pflanzenwelt erhalten.
- **Nationalmuseum für Geschichte und Kunst**, Marché-aux-Poissons, ✆ 4793301, ÖZ: Di-So 10-17 Uhr.
- **Straßenbahn- und Busmuseum**, Rue de Bouillion 63, ✆ 47962385, ÖZ: Do, Sa-So 13.30-17.30 Uhr.
- **Post- und Fernmeldmuseum**, Ecke Place de la Gare/Rue d'Epernay, ✆ 40887322, ÖZ: Di-Fr 9-12 Uhr u. 13-17 Uhr.
- **Bankmuseum**, Place de Metz 1, ✆ 40155903, ÖZ: Mo-Fr 8-17.30 Uhr.
- **Museum für Musikinstrumente im Musikkonservatorium**, Rue Charles 33, ✆ 47965555, ÖZ: Mo-Sa 8-20 Uhr.
- **Kathédrale „Notre Dame"**, Rue Nôtre-Dame, ÖZ: Mo-Sa 10-12 Uhr u. 14-17.30 Uhr, So 14-17.30 Uhr. In der Krypta sind Johann der Blinde, Graf von Luxemburg und König von Böhmen, die Mitglieder der großherzoglichen Familie und die Bischöfe von Luxemburg begraben.

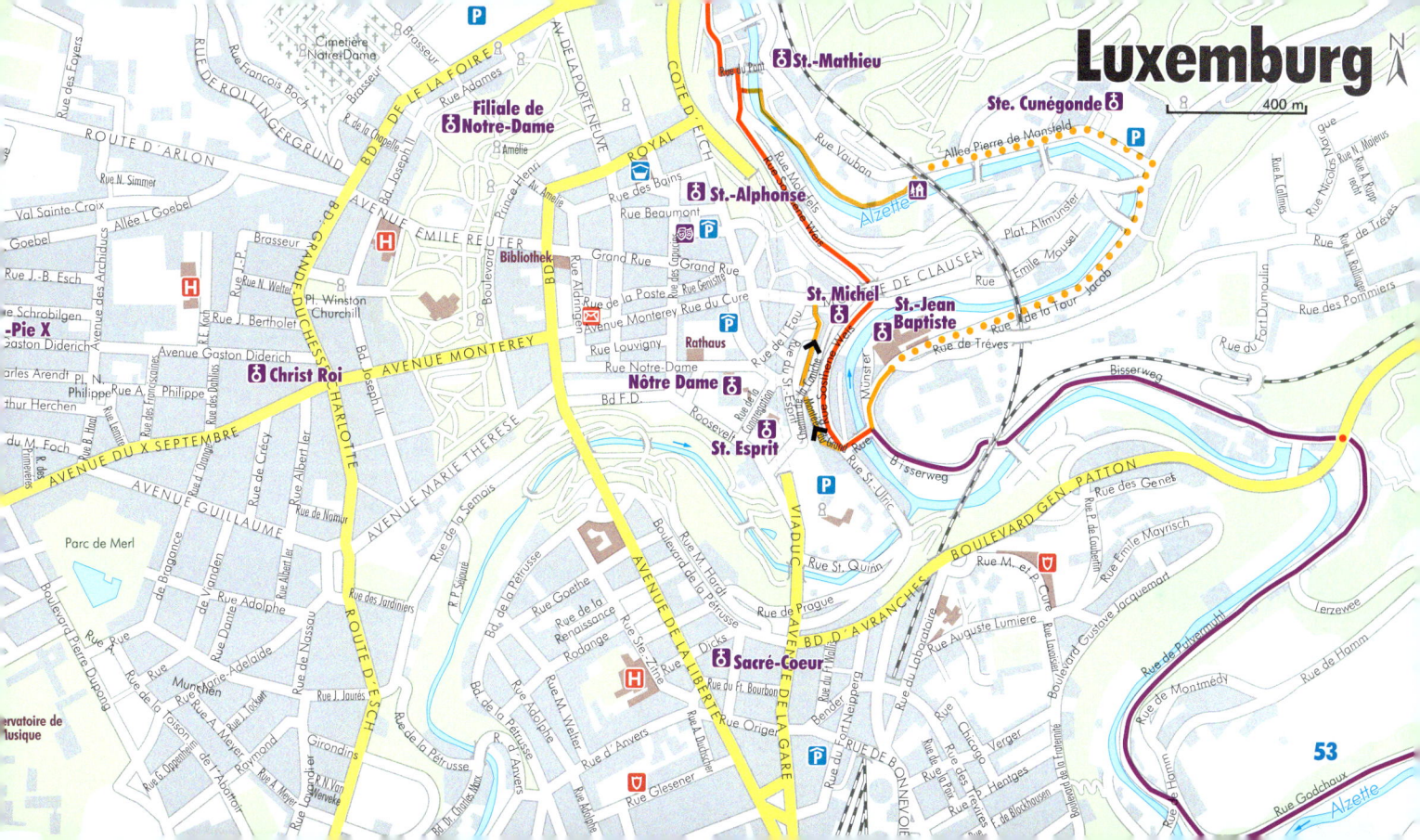

Luxemburg

400 m

- St.-Mathieu
- Ste. Cunégonde
- Filiale de Notre-Dame
- St.-Alphonse
- St. Michel
- St.-Jean Baptiste
- Christ Roi
- Nôtre Dame
- St. Esprit
- Sacré-Coeur

53

Großherzoglicher Palast – Innenansicht

- **Kasematten:** In den Felsen gesprengtes unterirdisches Gängesystem, das auf einer Länge von mehreren Kilometern zu besichtigen ist. Bockkasematten, ☎ 222809, ÖZ: tägl. 10-12 Uhr u. 14-17.30 Uhr. Bockfelsen, teilweise freigelegte Reste des alten Schlosses. Corniche, ehemaliger Rundgang auf den Schutzwällen, bekannt als der „schönste Balkon Europas".
- **Großherzogliches Palais,** Marché-aux-Herbes, Anmeldung für Führung ☎ 222809, ÖZ: Mitte Juli-Anfang Sept. Die ältesten Teile des Gebäudes sind im Renaissance-Stil erbaut und stammen aus der spanisch-maurischen Zeit.
- **Casino Luxembourg – Forum für zeitgenössische Kunst,** Rue Notre-Dame 41, ☎ 225045, ÖZ: Mo, Mi, Fr-So 11-18 Uhr, Do 11-20 Uhr.
- **Galerie für zeitgenössische Kunst,** Rue Zithe 16, ☎ 40152450, ÖZ: Mo–Sa 9-17.30, So 14-18 Uhr.
- **Centre Culturel de Rencontre,** Rue Münster 28, ☎ 2620521.

Luxemburg war Jahrhunderte hindurch eine der stärksten Festungen der Welt. Obwohl die Bollwerke im 19. Jahrhundert geschleift wurden, sind heute noch zahlreiche eindrucksvolle Feste der Vergangenheit erhalten. So sind die Lützelburg, die Heilig-Geist-Zitadelle und andere mächtige Befestigungen ausgegraben und in herrliche Parks und außerordentlich reizvolle, durch und um die malerischen Unterstädte führende Spazierwege umgewandelt worden. Eine besondere Attraktion ist das 20 Kilometer lange Netz unterirdischer Gänge und die in den Fels gesprengten Kasematten. Nicht zu vergessen die einzigartige Wallpromenade auf der „Corniche".

Das charakteristische Profil der Stadt haben Herrscher aus aller Herren Länder in den Stein gemeißelt. Burgunder, Franzosen, Spanier, Österreicher, wieder Franzosen, Preußen – alle

Luxemburg – Grund und Alzette

hinterließen sie ihre Spuren in einem architektonischen Merkmal, in einem Monument. Doch eine Festung ganz anderer Art ist mehr und mehr dabei, dem „Gibraltar des Nordens", wie das alte Luxemburg oft genannt wird, den Rang abzulaufen: Die Finanzwelt hat Luxemburg zu einer ihrer Hochburgen erkoren. Und so entstand in den letzten Jahrzehnten um die Altstadt eine moderne Bankencity mit riesigen Palästen aus Glas, Stahl und Beton. Rund um diese „Wall Street" scharen sich natürlich jede Menge edle Boutiquen, noble Restaurants und elegante Bars. Genau dieser Kontrast aus Altem und Neuem macht das besondere Flair der Stadt Luxemburg aus.

Von Luxemburg nach Trier

80,5 km

Der dritte Abschnitt führt durch das Großherzogtum Luxemburg, durch ländliche Gebiete und kleine Dörfer nach Echternach und somit an die Sauer. Das schmucke Städtchen Echternach wird Sie bezaubern, ehe Sie durch das idyllische Sauertal bis an die Mosel radeln. Diese begleitet Sie ins geschichtsträchtige Trier. In 2.000 Schritten kann man hier 2.000 Jahre Geschichte erleben. Die berühmte Porta Nigra, das Amphitheater, die Kaiserthermen und die zahlreichen Paläste in der Umgebung zeugen von der für das Moselland wichtigen römischen Epoche.

Auf der Piste cyclable 2 radeln Sie von Luxemburg bis Echternach, von dort bis an die Mosel auf dem Sauertal-Radweg und schließlich auf dem Mosel-Radweg – immer auf Asphalt. Eine sehr starke Steigung erwartet Sie bei der Ausfahrt von Luxemburg. Bis Echternach geht es dann immer bergauf und bergab. An Sauer und Mosel gibt es keine Steigungen.

Luxemburg

Tipp: Nach der Stadtbesichtigung fahren Sie am selben Weg zurück, den Sie gekommen sind.

Von Luxemburg nach Echternach 42 km

Für die Hauptroute von der **Montée du Grund** in die **Rue Sosthène Weis** einschwenken ~ dem Straßenverlauf folgen ~ geradeaus weiter in die **Rue Laurent Menager** ~ durch den Schlossturm ~ anschließend rechts abbiegen und über eine Brücke fahren ~ gleich darauf links in die **Rue de Stavelot** ~ links halten, um durch den **Parc Laval** zu radeln ~ nach einem Rechtsschwenk wieder links in die Rue de Stavelot ~ gleich darauf quert die **Rue Munchen-Tesch** ~ auf diese rechts einschwenken ~ unter der Eisenbahnbrücke hindurch ~ dem Straßenverlauf zuerst nach links, dann nach rechts folgen ~ bergauf in die **Rue de Kirchberg** ~ weiterhin bergauf ~ geradeaus in die **R. Fond St. Martin** ~ immer dem Straßenverlauf folgen.

Sparkasse mit Park

Schließlich mündet die Straße in den **Boulevard Pierre Frieden** ~ hier links weiter dem Radschild Richtung Echternach folgen ~ auf dem breiten Boulevard bis an die Vorfahrtsstraße – **Circuit de la Foire International** ~ links auf den straßenbegleitenden Radweg ~ der Radweg zweigt kurz vor dem riesigen Kreisverkehr links ab ~ am Waldrand entlang ~ nun parallel zur Autobahn auf ca. vier Kilometer Radweg direkt nach Senningerberg ~ über den Parkplatz und an der Vorfahrtsstraße leicht nach rechts versetzt geradeaus.

Senningerberg

Vorbei an der Kapelle ~ geradeaus auf der **Rue des Romains**, dem Radschild Richtung Echternach nach links folgen ~ dann wiederum links halten in die Straße **Gromscheed** ~ es folgt eine Rechtskurve ~ weiter auf der Straße **Gromscheed** leicht bergab ~ die Straße endet, weiter führt links ein Radweg Richtung Ernster – 5 Kilometer ~ es geht bergab auf Asphalt bis an die Vorfahrtsstraße ~ ⚠ Gefährliche Kreuzung! ~ diese überqueren und weiterhin bergab auf der Asphaltpiste ~ in einem Rechtsbogen über die kleine Brücke und den Radschildern Richtung Echternach folgen ~ an einem Holzgeländer entlang ~ geradeaus über die folgende Querstraße ~ dem Holzwegweiser Richtung Ernster folgen ~ in Ernster mündet der Radweg in die Ortsdurchfahrtsstraße ~ hier links.

Ernster

Ein kurzes Stück auf der **Rue Principale** und kurz darauf beim Spielplatz rechts einbiegen ~ nun geradeaus auf dem Radweg nach Gonderange.

Gonderange

Hier mündet der Radweg in eine Wohnstraße ↝ an der Vorfahrtsstraße leicht nach rechts versetzt geradeaus Richtung Langwies/Eschweiler ↝ den Ort verlassen und weiter auf der Straße 132 Richtung Eschweiler ↝ an der folgenden Kreuzung mit der Vorfahrtsstraße geradeaus ↝ es geht bergauf und nach ca. einem Kilometer links abbiegen auf den Landwirtschaftsweg ↝ leicht bergab und an der folgenden Kreuzung geradeaus ↝ stark bergauf.

Weiterhin dem Asphaltweg folgen bis zu den ersten Häusern von **Junglinster** ↝ noch vor dem ersten Haus rechts auf den Wirtschaftsweg ↝ in einem Linksbogen auf die Nationalstraße zu ↝ doch noch vor der N 11 gelangen Sie an eine Kreuzung mit einer Landstraße ↝ hier rechts Richtung Echternach ↝ bis dahin sind es noch 19,5 Kilometer ↝ auf der Straße im Linksbogen und gleich wieder rechts auf den Radweg einbiegen ↝ nach ca. 1,5 Kilometern stößt der Radweg an einen Querweg ↝ hier rechts und dem Wegverlauf bis nach Beidweiler folgen.

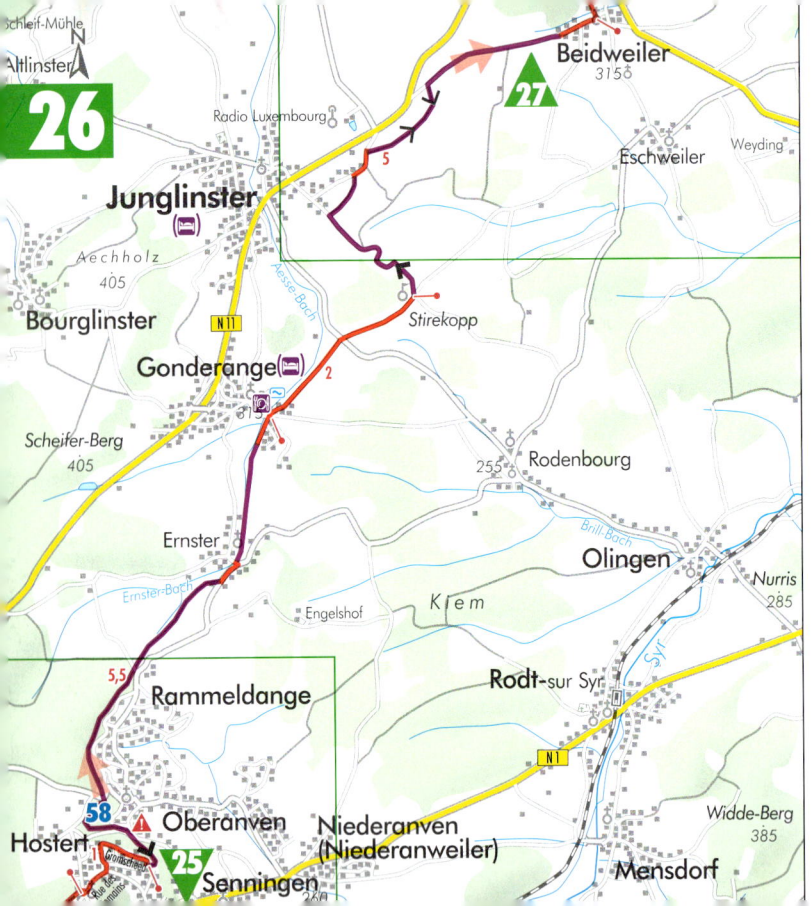

Beidweiler
Geradeaus in den Ort ↝ bis zur Kirche ↝ hier den Radschildern nach links Richtung Echternach folgen – 16,4 Kilometer ↝ links in die Sackgasse ↝ an der Schule vorbei ↝ bei den letzten Häusern rechts auf den Radweg ↝ dessen Verlauf folgen ↝ unter der N 14 hindurch ↝ auf der anderen Seite entlang einer alten Steinmauer leicht bergauf und weiter Richtung Kinsickerhof.
Der Radweg führt oberhalb des **Kinsickerhofes** parallel zur Straße nach Rippig ↝ auf einer Allee bis an die Vorfahrtsstraße und geradeaus.

Rippig
Vorbei am Rastplatz und am Ortsrand von Rippig entlang ↝ hinter Rippig schlängelt sich der Weg durch die Wiesen ↝ an der nächsten Querstraße geradeaus am Café vorbei ↝ es geht nun leicht bergauf und an der nächsten Querstraße wieder einfach geradeaus am Gasthaus vorbei ↝ weiter auf dem asphaltierten Weg durch den Wald ↝ es geht im Wald wellig dahin ↝ einen steilen Asphaltweg rechts liegen lassen ↝ danach bergab durch einen Tunnel hindurch ↝ auf der ehemaligen Eisenbahnbrücke über eine Straße und am ehemaligen Bahnhof von **Bech** vorbei ↝ weiter auf dem Radweg durch den Campingplatz.
Nun am Bach entlang links unterhalb der Straße ↝ ein weiter Linksbogen und danach in einer Rechtskurve an die Vorfahrtsstraße ↝ hier rechts und gleich wieder links bergauf ↝ etwas mehr als

Ausblick bei Rippig

einen Kilometer durch den Wald ⇢ kurz vor der **N 11** aus dem Wald heraus ⇢ bei dem Buswartehäuschen rechts hinunter und unter der Nationalstraße hindurch ⇢ kurz stark bergauf und geradeaus über den Querweg ⇢ weiter in einem Linksbogen und vor der Straße eine Rechtskurve ⇢ nun auf dem straßenbegleitenden Radweg Richtung Consdorf.

Consdorf
PLZ: L-6211

Syndicat d'Initiative et de Tourisme, Huelewee 32, ☎ 790271

Eine erstmalige urkundliche Erwähnung des Ortes erfolgte im Jahre 815, allerdings ist man sich

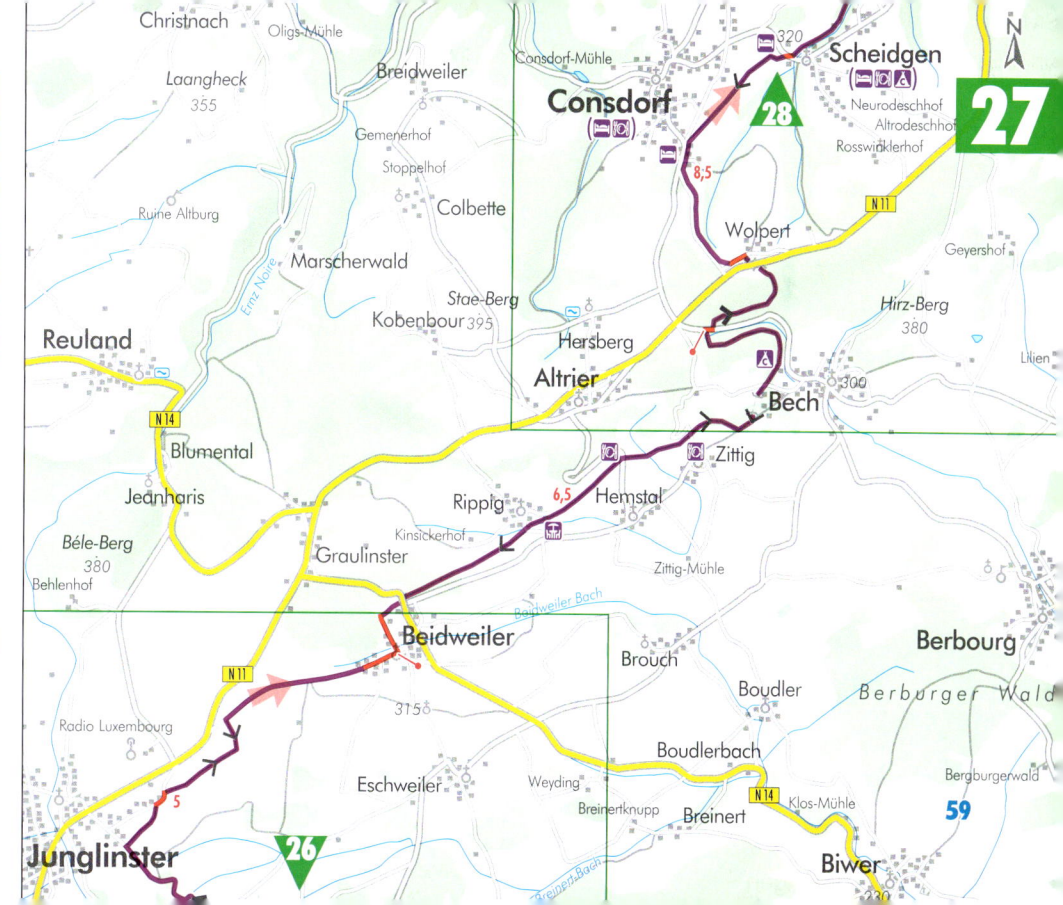

heute über die Echtheit der Urkunde nicht ganz im Klaren. Eine frühe Besiedlung des Consdorfer Gebietes ist durch Funde aus der Urzeit und der römisch-gallischen Epoche nachgewiesen. In der umstrittenen Urkunde gehört Consdorf zum Kloster Oeren bei Trier. Eine eigene Pfarrkirche in Consdorf ist erst ab dem 13. Jahrhundert nachgewiesen. Bis zum Ende des Feudalregimes im Jahre 1795 deckt sich die Geschichte der Ortschaft Consdorf in weltlicher Hinsicht mit derjenigen der Herrschaft Befort, in kirchlicher Hinsicht und in Hinsicht auf die Verwaltung mit derjenigen von Oeren.

Heute ist die Ortschaft Consdorf zum Hauptquartier für Touristen, die das Müllertal besuchen wollen, geworden.

Am Ortsbeginn an einem Pfosten und danach am Spielplatz vorbei ~ der Radweg wendet sich rechts ab von der Straße ~ an einer Hecke entlang ~ hinter den Häusern von Consdorf weiter, danach querfeldein und leicht bergab nach **Scheidgen** ~ in einem Rechtsbogen an die Vorfahrtsstraße ~ direkt beim Hotel wird die Straße überquert und geradeaus weiter auf dem Radweg ~ dieser ist weiterhin asphaltiert und führt im Tal des **Lauterborner Baches** entlang.

Nach weiteren 5 Kilometern vor an die **N 11** ~ hier nach links wenden und auf dem straßenbegleitenden Radweg weiter ~ nach einem Kilometer die Straße auf dem rot-markierten Radfahrerübergang überqueren ~ über die Brücke und nach links wenden ~ an den Mühlen vorbei und an der Straße links ~ leicht bergab und geradeaus ~ vorbei am Parkplatz und am See ~ am linken Bachufer entlang ~ an der Kirche vorbei und weiterhin am Bach entlang vorbei am Parkplatz bis zur Durchfahrtsstraße, der **Route de Luxembourg** ~ an der Ampelkreuzung geradeaus ~ am Marktplatz vorbei – das Zentrum mit Abtei und Basilika liegt zur Linken.

Echternach

- Syndicat d'Initiative, Parvis de la Basilique, 00352720457
- Verkehrsverein, Basilikavorplatz, 00352720230, www.echternach-tourist.lu
- Museum der Vorgeschichte, Rue du Pont 4 A, 00352720296, ÖZ: April-15. Nov., Di-So 10-12 Uhr u. 14-17 Uhr, Juli-Aug., Di-So

Echternach – See

10-17 Uhr. In dem Museum kann man sich über die technische Evolution von Waffen und Werkzeugen über mehr als eine Million Jahre hinweg informieren.

- **Abteimuseum**, Abtei Echternach, 00352727472, ÖZ: Ostern-1. Nov., Mo-So 10-12 Uhr u. 14-17 Uhr, Juli-Aug., Mo-So 10-18 Uhr. Das Abteimuseum gibt einen Einblick in die Geschichte des Klosters und thematisiert vor allem die Buchmalerei mit Kopien prachtvoller Handschriften der Echternacher Schule aus dem frühen Mittelalter.
- **St.-Peter-und-Paul-Kirche.** Der Ursprung der Kirche liegt in der Merowingerzeit. Die heutige dreischiffige Kirche stammt aus dem 11. Jh., im 15. und 18. Jh. wurde sie umgebaut.
- **Basilika St-Willibrord.** Die Basilika stammt aus dem 11. und 13. Jh., nachdem sie im 2. Weltkrieg sehr schwer beschädigt

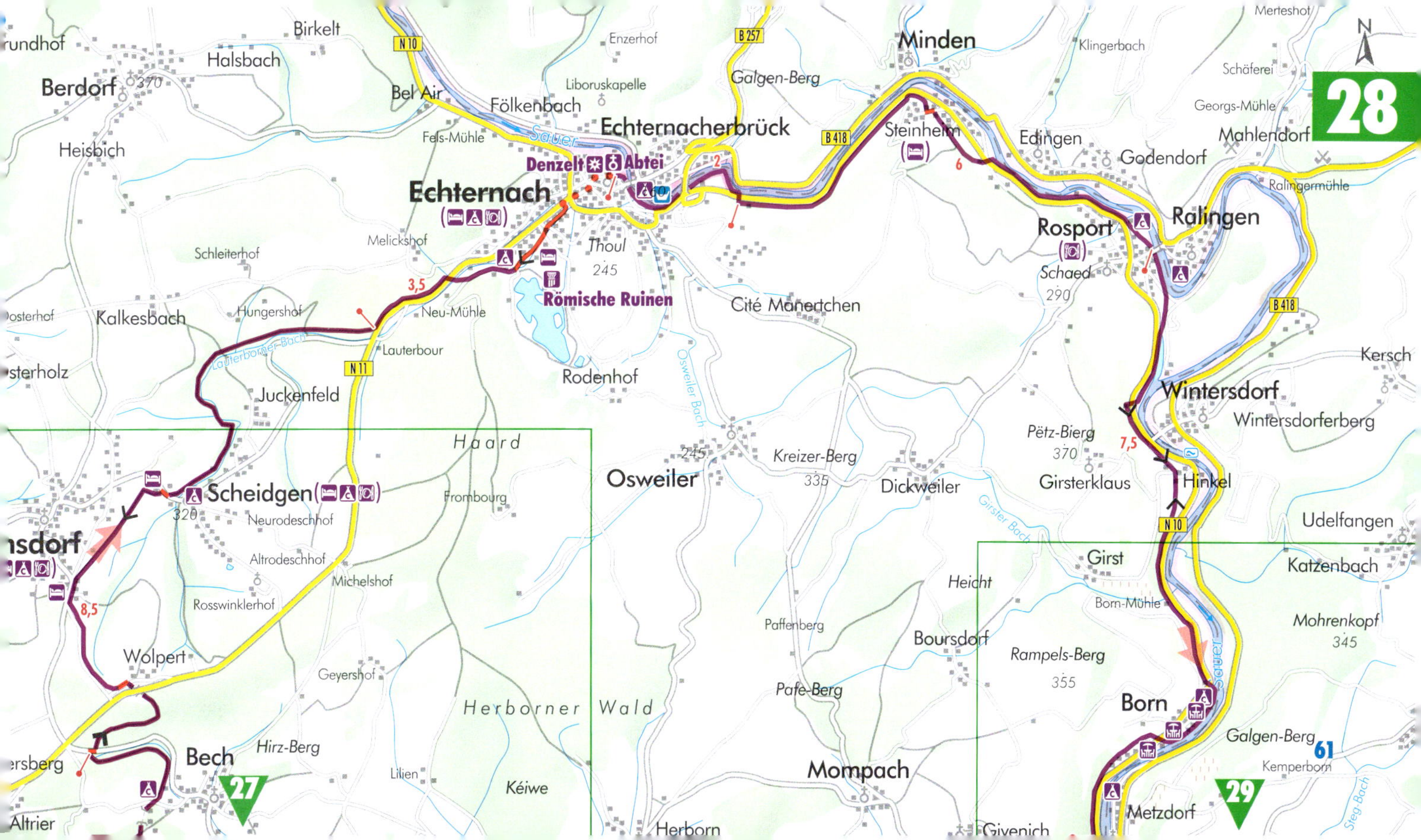
28
Berdorf
Birkelt
Halsbach
Bel Air
Fölkenbach
Enzerhof
Liboruskapelle
Echternacherbrück
Galgen-Berg
Minden
Klingerbach
Schäferei
Merteshof
Georgs-Mühle
Mahlendorf
Steinheim
Edingen
Godendorf
Ralingermühle
Ralingen
Rosport
Schaed
290
Heisbich
Fels-Mühle
Sauer
Denzelt
Abtei
Echternach
Melickshof
Schleiterhof
Thoul
245
Römische Ruinen
3,5
2
6
Kalkesbach
Hungershof
Neu-Mühle
Lauterbour
Lauterborner-Bach
Cité Manertchen
Rodenhof
Juckenfeld
Osweiler Bach
Kersch
Wintersdorf
Wintersdorferberg
Pëtz-Bierg
370
7,5
Girsterklaus
Hinkel
Haard
Osweiler
245
Kreizer-Berg
335
Dickweiler
Scheidgen
320
Neurodeschhof
Frombourg
Altrodeschhof
Michelshof
Rosswinklerhof
Girster Bach
Udelfangen
Girst
Katzenbach
Heicht
Born-Mühle
Mohrenkopf
345
Paffenberg
Boursdorf
Rampels-Berg
355
8,5
Wolpert
Geyershof
Herborner Wald
Pafe-Berg
Born
Galgen-Berg
61
Kemperborn
Bech
Hirz-Berg
Lilien
Kéiwe
Mompach
Metzdorf
Altrier
Herborn
Givenich
Steg-Bach
27
29
N 10
N 11
B 257
B 418

Echternach – Markt mit Denzelt

wurde, wurde sie im neuromanischen Stil wieder aufgebaut. In der Krypta befinden sich wunderschöne Fresken aus der Karolingerzeit. Dokumentationszentrum über die Springprozession in einem Raum am linken Seitenschiff der Basilika.

- **Römervilla.** Mit thematischem Museum über das Alltagsleben der Römer.
- **Trisport**, Luxemburger Str. 31, ✆ 00352720086

Die Ursprünge Echternachs gehen bis auf die Römer zurück. Aus dieser Zeit blieb der Römische Palast aus dem 1. Jahrhundert n. Chr. erhalten. Ein weiterer wichtiger Meilenstein in der Geschichte Echternachs ist die Gründung der berühmten Benediktinerabtei durch Willibrord im Jahre 698. Der aus England stammende Mönch erhielt seine Ausbildung in Irland und nach seiner Priesterweihe wurde er ausgesandt, Friesland zu missionieren. Er ließ sich in Utrecht nieder und stand in enger Verbindung mit dem Papst in Rom. Willibrord hatte über die Jahre hinweg große Erfolge in der Missionsarbeit. Für seine großen Verdienste bekam er wohl auch das Land um Echternach geschenkt, wo er ein Kloster gründete.

Mehr als 40 Jahre arbeitete er als „Apostel der Friesen" und wurde zum Erzbischof von Utrecht ernannt. In Echternach verbrachte er seinen Lebensabend und dort ist er auch begraben. Zu seinen Ehren findet am Pfingstdienstag die sogenannte Springprozession statt.

In der Abtei befinden sich heute ein Gymnasium mit angeschlossenem Konvikt und das Museum der Buchmalerei.

Von Echternach nach Trier 38,5 km

Kurz nach dem Marktplatz von der Durchfahrtsstraße links abbiegen und beim Parkplatz vor der Brücke links unter einer Unterführung hindurch ans Ufer der **Sauer** rechts unter der Brücke hindurch.

Tipp: Hier beginnt der Abschnitt auf dem Sauertal-Radweg bis zur Mündung in die Mosel in Wasserbillig.

Durch den Park am rechten Ufer entlang aus Echternach hinaus 1,5 Kilometer bis zu einem kleinen Parkplatz hier quert der Radweg die N 10 und führt rechts an der Straße entlang vorbei an einem Rastplatz und weiterhin rechts neben der Nationalstraße in Steinheim endet der Radweg an einer Vorfahrtsstraße.

Steinheim

An der Vorfahrtsstraße links noch vor der Kreuzung mit der N 10 rechts einbiegen dem Radschild Richtung Moersdorf folgen in einem Linksbogen um das Fußballfeld und hinter den Häusern entlang am Ortsende mündet der Radweg in die N 10 diese wird überquert, nun links neben der Nationalstraße weiter ⎯ am Ortsbeginn von Rosport auf dem Radweg links weg von der Straße ⎯ am Campingplatz vorbei.

Rosport
PLZ: L-6406
- Syndicat d'Initiative et de Tourisme, Rue dela Sûre 7a, ✆ 730336
- Schloss Tudor, Sitz der Gemeindeverwaltung

Tipp: In Rosport besteht die Möglichkeit, über die Brücke nach Ralingen auf die deutsche Seite zu wechseln. Dort können Sie auf dem Sauertal-Radweg in Deutschland Richtung Minden weiterradeln – dort besteht Anschluss an den Nimstal-Radweg.

An der Wegkreuzung hinter dem Campingplatz links und gleich wieder rechts, also nicht direkt ans Sauer-Ufer ⎯ nun geradeaus unter der Straßenbrücke hindurch und am rechten Ufer weiter ⎯ von der Sauer zweigt rechts ein Kanal ab und an dessen rechtem Ufer führt der Radweg entlang.

Etwa 1,5 Kilometer auf dem Radweg zwischen Nationalstraße und Kanal ⎯ der Radweg wechselt die Straßenseite und verläuft nun rechts oberhalb der N 10 ⎯ nach fast einem Kilometer bei dem alleinstehenden Haus rechts bergauf den Radschildern folgen ⎯ an der Vorfahrtsstraße, der **Rue Girsterklaus**, geradeaus ⎯ bergab nach **Hinkel** ⎯ durch die kleine Ortschaft hindurch und weiter auf dem Radweg ⎯ dieser nähert sich der N 10 und führt schließlich wieder oberhalb der Nationalstraße entlang.

Nach ca. 2 Kilometern wird die N 10 überquert ⎯ links halten und am Rastplatz und am Campinplatz vorbei direkt ans

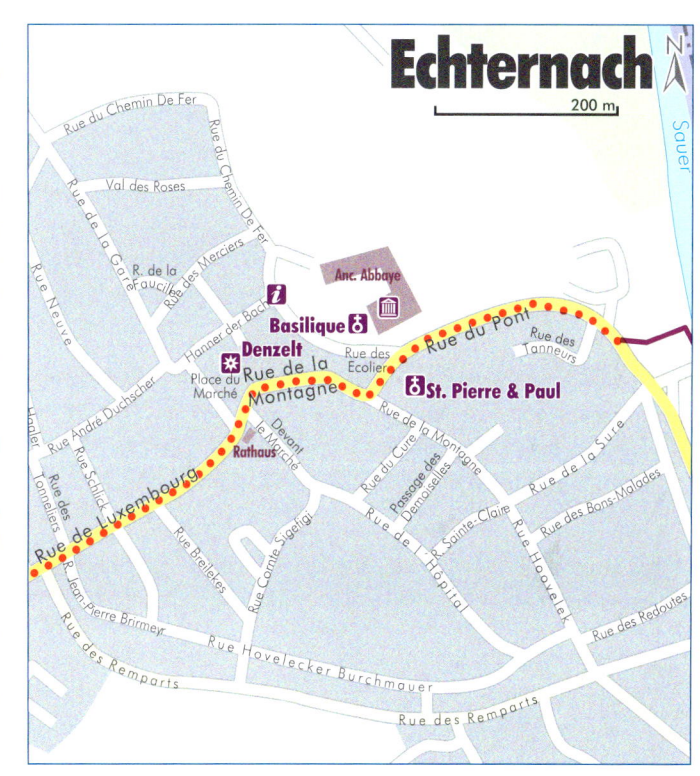

Flussufer ↬ auf dem Uferweg an der Ortschaft **Born** vorbei ↬ am Ortsende an einem kleinen Rastplatz vorbei und über die N 10 ↬ erstmal geradeaus und dann Linksbogen ↬ parallel zur Straße ↬ vorbei an einem weiteren Rastplatz ↬ auf dem Radweg nach Moersdorf.

Moersdorf

Am Ortsbeginn auf die andere Straßenseite ↬ vorbei an der Radlerbrücke.

Tipp: An dieser Brücke besteht die Möglichkeit ans andere – deutsche – Ufer überzusetzen und dort weiterzufahren.

Die VeloRoute verläuft weiterhin am rechten Flussufer ↬ hinaus aus Moersdorf und links unterhalb der Nationalstraße weiter ↬ unter der Autobahnbrücke hindurch ↬ vorbei an einem kleinen Rastplatz ↬ nun trennt eine Steinmauer den Radweg von der Straße ↬ auf dem Radweg durch die Flussschleife und nach Langsur ↬ links über die Sauerbrücke.

Langsur

Geradeaus in den Ort ↬ auf der **Wasserbilliger Straße** durch Langsur ↬ an der **B 418**

Sauerbrücke in Echternach

rechts Richtung Trier auf den Radstreifen, der sich zum Radweg entwickelt ↬ in **Wasserbilligerbrück** an der Vorfahrtsstraße links ↬ ein kurzes Stück im Verkehr ↬ nach den letzten Häusern von der **Moselstraße** in die erste Straße rechts einbiegen.

Tipp: Hier steigen sie in den Mosel-Radweg ein.

Am Ufer verläuft der Radweg entlang der Mosel, die durch die einmündende Sauer merklich Zuwachs bekommen hat.

Tipp: Auf Ihrer Seite liegt der Ort Igel. Während der Radweg nach Konz und weiter nach Trier geradeaus verläuft, gibt es immer wieder Möglichkeiten, links nach Igel abzuzweigen.

Igel

PLZ: D-4298; Vorwahl: 06501

🛈 **Ferienregion Trierer Land**, Moselstr. 1, 54308 Langsur, ✆ 602666

Die Ortschaft Igel beherbergt ein besonders bemerkenswertes Objekt, die sogenannte **Igeler Säule**. *Diesen 23 Meter hohen Obelisk ließen die Gebrüder Lucius Secundinius Aventinus und Lucius Secundinius Securus im 3. Jahrhundert als Denkmal für sich und die verstorbenen Angehörigen ihrer Familie aufstellen.*

Die Brüder waren ihrer Herkunft nach keltische Treverer, die aber Land besaßen, das sie von Pächtern bewirtschaften ließen. Als Pachtzins erhielten die Brüder Tuche, die sie sehr gewinnbringend auf den Märkten der Städte verkauften. Obwohl sie rechtlich als Römer anerkannt waren, trugen sie die gleiche Kleidung wie ihr Volk und sprachen auch deren Dialekt. Die Villa der wohlhabenden Familie und vermutlich

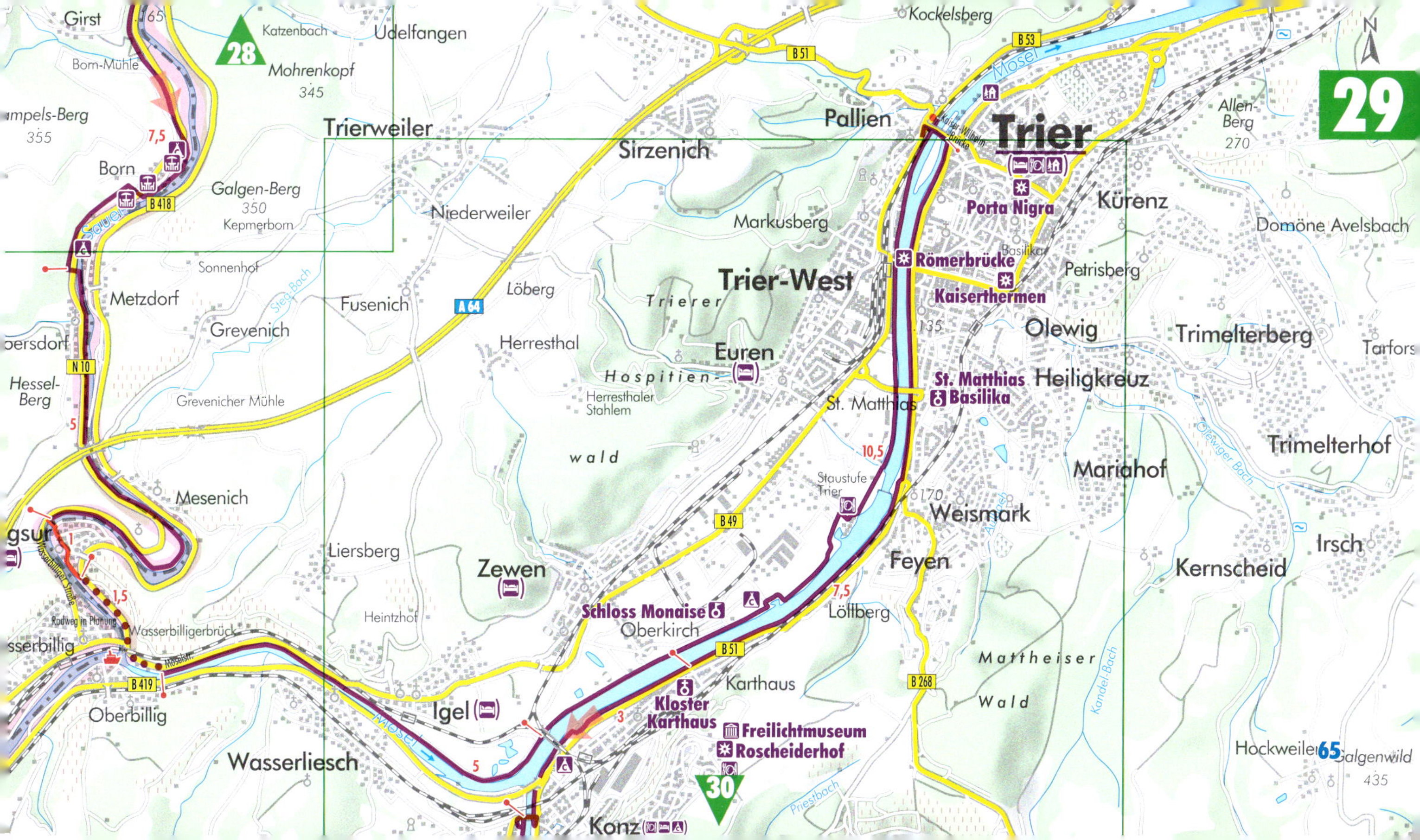

29
Trier
Porta Nigra
Römerbrücke
Kaiserthermen
St. Matthias Basilika
Schloss Monaise
Kloster Karthaus
Freilichtmuseum Roscheiderhof
Kaiser-Wilhelm-Brücke
Basilika
Trier-West
Pallien
Sirzenich
Markusberg
Kockelsberg
Udelfangen
Katzenbach
Mohrenkopf
345
Trierweiler
Niederweiler
Fusenich
Löberg
Herresthal
Trierer wald
Hospitien-
Herresthaler Stahlem
Euren
St. Matthias
Staustufe Trier
Zewen
Liersberg
Heintzhof
Oberkirch
Karthaus
Igel
Wasserliesch
Konz
Löllberg
Feyen
Weismark
170
135
Mariahof
Heiligkreuz
Olewig
Petrisberg
Kürenz
Domöne Avelsbach
Allen-Berg
270
Trimelterberg
Trimelterhof
Tarfors
Irsch
Kernscheid
Hockweiler
65
Galgenwild
435
Mattheiser Wald
Kandel-Bach
Priestbach
Olewiger Bach
Aulbach
Mosel
Sauer
Girst
165
28
Born-Mühle
ampels-Berg
355
Born
Galgen-Berg
350
Kepmerborn
Sonnenhof
Metzdorf
Grevenich
Steg-Bach
ersdorf
Hessel-Berg
Grevenicher Mühle
Mesenich
gsur
Wasserbilliger Straße
Radweg in Planung
Wasserbilligerbrück
Moselstr.
sserbillig
Oberbillig
30
A 64
B 51
B 53
B 49
B 268
B 418
B 419
N 10
7,5
5
1
1,5
10,5
3

auch die Gräber lagen auf der Anhöhe, wo heute die Dorfkirche steht. Die Säule sollte die Verdienste und die Bedeutung der Tuchmanufaktur beweisen. Die aufwändig gestalteten Reliefs erzählen vom Alltag in der Manufaktur, zum anderen symbolisieren sie gemäß der antiken Mythologie auch das Eingehen der Sterblichen in ein besseres Leben und die verdiente Aufnahme ihrer Seelen in den Himmel. Das Bauwerk wäre aber über die Jahrhunderte nicht erhalten geblieben, wenn im Mittelalter das Familienbild auf der Vorderfront nicht als die Vermählung der Kaiserin Helena mit Constantius Chlorus gedeutet worden wäre. Helena galt als Heilige, und deshalb wurden die Bilder auf der Säule christlich interpretiert. Erst im 16. Jahrhundert erkannte man den wahren Sinn.

Der Mosel-Radweg bleibt direkt am Ufer – nächster Blickfang ist das Schloss Monaise.

Schloss Monaise

Das Lustschloss wurde in den Jahren 1779-83 von dem Franzosen Mangin als Sommerresidenz

Trier – Hauptmarkt

für den Trierer Domdechanten und späteren Fürstbischof von Speyer Philipp Nikolaus Graf von Walderdorff erbaut.

Von außen ähnelt das Schloss sehr stark den norditalienischen Landvillen des großen Baumeisters Andrea Palladio. Innen wurde weniger auf Schönheit, dafür sehr viel Wert auf Bequemlichkeit gelegt. Schließlich heißt das Anwesen „Monaise", also „meine Behaglichkeit".

Heute wird das Schloss mit den großen Repräsentationsräumen als Restaurant genutzt.

Kurz nach dem Schloss links um den Yachthafen herum – einen Kilometer später versperrt ein Zaun den Weg – eine Werft verbirgt sich in den Gebäuden – etwas weiträumiger nach links ausweichen – nach der Werft liegt links die Eissporthalle sowie der KinderIndoorspielplatz, hier wieder nach rechts zum Moselufer hin – nach einem weiteren Stück am Ufer zweigt links ein Weg nach Trier-Euren ab, doch die Route führt geradeaus ins Zentrum.

Die Häuser beiderseits der Mosel verdichten sich – vorbei an der Konrad-Adenauer-Brücke – zirka einen Kilometer später an der Römerbrücke vorbei.

Römerbrücke

Die Brücke wurde im 2. Jahrhundert über den Fluss geschlagen. Die 5 Pfeiler der Brücke sind noch immer fest im Flussbett gegründet, sie tragen die um rund 15 Jahrhunderte jüngeren Bögen. Die Römerbrücke ist die älteste Brücke nördlich der Alpen und gilt als UNESCO-Welterbe. Gleich danach stehen am Ufer zwei runde Gebäude mit eigenartigen Auswüchsen auf dem Dach. Zuerst ist man an eine Windmühle erinnert, tatsächlich handelt es sich jedoch um alte Moselkrane, mit deren Hilfe die Schiffe be- und entladen

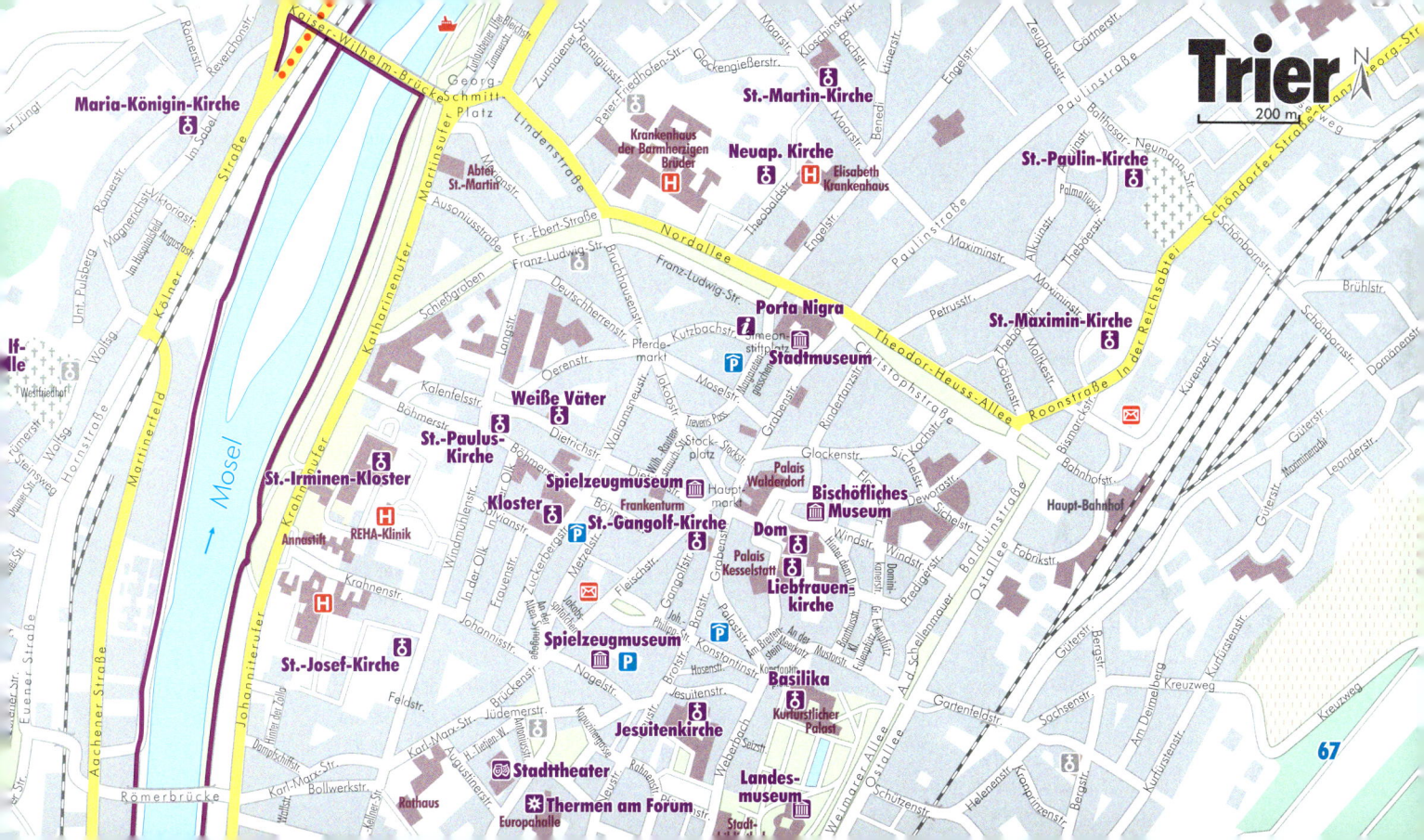

Trier

200 m

- Maria-Königin-Kirche
- St.-Martin-Kirche
- Neuap. Kirche
- St.-Paulin-Kirche
- Krankenhaus der Barmherzigen Brüder
- Elisabeth Krankenhaus
- Abtei St.-Martin
- Porta Nigra
- St.-Maximin-Kirche
- Stadtmuseum
- Weiße Väter
- St.-Paulus-Kirche
- St.-Irminen-Kloster
- Spielzeugmuseum
- Palais Walderdorf
- Bischöfliches Museum
- Frankenturm
- St.-Gangolf-Kirche
- Dom
- Palais Kesselstatt
- Liebfrauenkirche
- Haupt-Bahnhof
- St.-Josef-Kirche
- Spielzeugmuseum
- Basilika
- Kurfürstlicher Palast
- Jesuitenkirche
- Stadttheater
- Thermen am Forum
- Landesmuseum
- Rathaus
- Europahalle

67

wurden. Die Moselkrane wurden mit Menschenkraft betrieben, ähnlich eines Hamster-Laufrades. Auf der nächsten Brücke, der **Kaiser-Wilhelm-Brücke** die Mosel überqueren und ins Zentrum von Trier weiterfahren.

Trier
PLZ: D-54290; Vorwahl: 0651

- **Tourist-Information**, An der Porta Nigra, ✆ 978080
- **Moselschifffahrten:**
  Trier-Bernkastel und zurück, Mitte Mai-Mitte Okt., Mo-So 9 Uhr ab Personenschifffahrtshafen, ✆ 26317 (Gebr. Kolb) od. Tourist-Information Trier.
- **Rheinisches Landesmuseum**, Weimarer Allee 1, ✆ 97740, ÖZ: Di-So 9.30-17.30 Uh. Archäologische Zeugnisse und Kunstwerke des Moselraumes von der Vorgeschichte und Römerzeit bis zur frühen Neuzeit.
- **Bischöfliches Dom- und Diözesanmuseum**, Windstr. 6-8, ✆ 7105255, ÖZ: April-Okt., Mo-Sa 9-17 Uhr, So/Fei 13-17 Uhr, Nov.-März, Di-Sa 9-17 Uhr, So/Fei 13-17 Uhr. Sammelstätte

Kurfürstpalais in Trier

kirchlicher Kunst der Trierer Diözese mit frühchristlichen Zeugnissen, außerdem römische Deckenmalereien.
- **Stadtmuseum Simeonstift**, ✆ 7181459 o. ✆ 7181454, ÖZ: Di-So 10-18 Uhr, 1. Di im Monat bis 21 Uhr.
- **Domschatzkammer**, Hohe Domkirche, ✆ 9790790, ÖZ: April-Okt., Mo-Sa 10-17 Uhr, So/Fei 12.30-17 Uhr Uhr, Nov.-März, Mo-Sa 11-16 Uhr, So/Fei 14-16 Uhr. Goldschmiedekunst vom 10. bis 19. Jh. liturgische Geräte und Handschriften mit kostbarem Deckelschmuck.
- **Stadtbibliothek**, Weberbach 25, ✆ 7181429, ÖZ: Mo, Mi, Fr 9-13 Uhr, Di, Do 9-17 Uhr. Gutenbergbibel, alte Handschriften, Urkunden, barocke Globen und historische Karten. Codex Egberte: UNESCO-Weltdokumentenerbe.
- **Karl-Marx-Haus**, Brückenstr. 10, ✆ 970680, ÖZ: tägl. 10-18 Uhr. Geburtshaus des Begründers des modernen Sozialismus.
- **Spielzeugmuseum**, Hauptmarkt, ✆ 75850, ÖZ: Jan.-März, Di-So 11-17 Uhr, April-Dez., tägl. 11-18 Uhr. Blechspielzeug, Eisenbahnen, Puppen u. Puppenstuben, Kaufläden, Teddys, Schaukelpferde und vieles mehr.

- **Dom**, Kernbau aus dem 4. Jh., Westbau romanisch; April-Okt., einstündige Führung durch Dom, Kreuzgang und Liebfrauenkirche, Mo-So um 14 Uhr, ✆ 9790790. Die Liebfrauenkirche ist aufgrund von Renovierungsarbeiten bis voraussichtlich Anfang 2011 geschlossen!
- **St. Paulin**, ÖZ: März-Sept., Mo, Mi-Sa 9-18 Uhr, Di 11-18 Uhr, So 10-18 Uhr, Okt.-Feb., Mo, Mi-Sa 9-17 Uhr, Di 11-17 Uhr, So 10-17 Uhr. Barockkirche nach den Plänen von Balthasar Neumann.
- **Römische Baudenkmäler**, UNESCO Weltkulturerbe. ÖZ: April-Sept., 9-18 Uhr, Okt., März, 9-17 Uhr, Nov.-Feb., 9-16 Uhr, letzter Einlass 30 min. vor Schließung.
- **Porta Nigra**, römisches Stadttor aus dem 2. Jh.
- **Amphitheater**, errichtet 100 n. Chr., bot 20.000 Zuschauern Platz.
- **Barbarathermen**, Südallee 48, römische Badeanlage aus dem 2. Jh.
- **Thermen am Forum**, Am Viehmarkt. Fundamente einer römischen Badeanlage aus dem 1. Jh.
- **Aula Palatina (Konstantin Basilika)**, Römische Palastaula, heute evang. Kirche. ÖZ: April-Okt., Mo-Sa 10-18 Uhr, So/Fei 12-18 Uhr, Nov.-März, Di-Sa 11-12 Uhr und 15-16 Uhr, So/Fei 12-13 Uhr, letzter Einlass 30 min. vor Schließung. Römischer Thronsaal mit 67 m Länge, 27 m Breite und 30 m Höhe.
- **Kaiserthermen**, riesiger römischer Bäderpalast aus dem 4. Jh.

- **Mittelalterliche Baudenkmäler:** Frankenturm (11. Jh.), Dreikönigenhaus (13. Jh.)
- **Simeonstift**, aus dem 11. Jh., zweigeschossiger Kreuzgang um einen Innenhof.
- **Kurfürstlicher Palast**, Rokokopalais aus dem 18. Jh. des Architekten Johannes Seiz. Kunstvolle Ausstattungen des Bildhauers F. Tietz aus Böhmen, des Stukkateurs M. Extel aus Tirol und der Maler J. Zick und J. Zauffally.
- **WeinKulturpfad** „Sehenswertes und Merkwürdiges vom Anbau und Leben des Weinstocks" rund um den Petrisberg (beim Amphitheater), ÖZ: ganzjährig, Mo-So
- **Bürgerservice GmbH**, Bahnsteig 1, ✆ 148850
- **Bewachte Fahrradgarage, Gepäckaufbewahrung**, an der Porta Nigra, je Stück € 1.– (Mai-Okt.)
- **Fahrradboxen**, an der Konrad-Adenauer-Brücke

In Trier können Sie, so ein Slogan, 2.000 Jahre Geschichte in 2.000 Schritten erleben und nachvollziehen. An kaum einem anderen Ort in Deutschland haben sich die antiken Wurzeln mitteleuropäisch-abendländischer Kultur am Schnittpunkt zwischen romanischen und germanischen Wirkungskreisen so eindrucksvoll erhalten wie in dieser Stadt. Lassen Sie also bei einem Stadtrundgang die letzten 2.000 Jahre im Zeitraffer an sich vorüberziehen. Sie beginnen an der Porta Nigra, diesem wahrhaft imperialen Stadttor der Römerzeit. Diese monumentale Architektur verkörpert den steingewordenen Willen zur Macht und zugleich die Träume von ewiger Stärke. Weil nach dem Untergang des Römischen Reiches ein Eremit namens Simeon, der wiederum dem Erzbischof Poppo sehr nahestand, sich dort eingerichtet hatte, wurde in dem antiken Bauwerk eine Doppelkirche eingerichtet, die den gesamten Raum des römischen Stadttores einnahm.

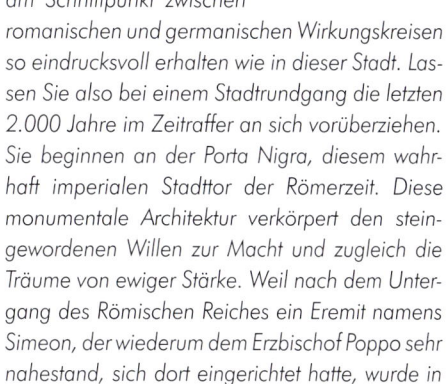

Westlich der Porta Nigra erhebt sich das Simeonstift mit seinen zweigeschossigen Kreuzgängen, eines der kostbarsten Monumente frühromanischer Klosterarchitektur. Es wurde 1034 von Erzbischof Poppo gegründet. Über die Simeonstraße, die nach einem zur Römerzeit angelegten Grundriss gestaltet wurde, gelangt man in wenigen Minuten zum Hauptmarkt. Auf dem Weg dorthin kommt man am Dreikönigenhaus vorbei. Dieses vortreffliche Beispiel romanischer Wohn- und Wehrbauten stammt aus der staufischen Epoche (13. Jahrhundert). 200 Jahre jünger ist die aus den Trümmern nach dem Zweiten Weltkrieg wiederaufgebaute spätgotische Steipe. Zu diesem Ensemble von Fassaden aller Stilperioden gesellt sich noch der

wuchtige Bau der Kirche St. Gangolf, das alte Marktkreuz aus dem 10. Jahrhundert und der zur Renaissance errichtete Petrusbrunnen.

Vom Markt zweigt rechts die Dietrichstraße ab, eine dieser entzückenden engen Seitengassen, hier verbirgt sich der sogenannte Frankenturm, ein weiteres Schmuckstück der Romanik. Über die Sternstraße gelangt man zum Domfreihof, der von dem frühromanischen Dom, der frühgotischen Liebfrauenkirche und dem barocken Palais Kesselstatt beherrscht wird. Die Fülle an Bauzier des Domes, die kostbaren Objekte in der Schatzkammer und die Epitaphien hochberühmter Kirchenleute und weltlicher Würdenträger vereinen sich insgesamt zu einem Konzentrat der Künste und Historie, dessen Geltung weit über die Stadtgeschichte von Trier hinausgeht. Durch den Domkreuzgang ist die Liebfrauenkirche mit dem Dom verbunden. Von diesem Gang aus zeigt sich die Gruppe der beiden Kirchen als eine höchst eindrucksvolle Begegnung aller erhabeneren Kunststile.

Von der sogenannten Domstadt gelangt man rasch zur Basilika, die um 310 als Aula Palatina unter Kaiser Konstantin erbaut worden ist.

St. Gangolf – Liebfrauenkirche-Dom

30 Meter hoch ist dieses gewaltig wirkende Bauwerk, in dem im 4. Jahrhundert römische Kaiser regierten.

Nach Süden hin schließt sich der Kurfürstliche Palast an. Mit der opulenten Rokokofassade ist er das Werk des Balthasar-Neumann-Schülers Johannes Seiz.

Jenseits des Palastgartens, dessen Blumenfülle zwischen Hecken und Rasenflächen den prächtigen Hintergrund für die zahlreichen Götterstatuen abgibt, erheben sich die massigen Ruinen der römischen Kaiserthermen, und man ist in wenigen Sekunden wieder in die Zeit der Römer zurückversetzt. Folgt man dann der Beschilderung durch den Stadtmauerdurchgang und die Straßenunterführung in die Hermesstraße zum Abhang des Petrisberges, steht man vor der ovalen Arena und den Zuschauerrängen des Amphitheaters in der Oleviger Straße. Bis zu 20.000 Zuschauer fanden hier Platz und belustigten sich an den diversen Darbietungen wie Tierhatzen und Gladiatorenkämpfen, die nie ein unblutiges Ende nahmen. Die Trierer Römerbauten, Igeler Säule sowie Dom und Liebfrauenkirche sind 1986 wegen ihrer Einzigartigkeit von der UNESCO in die Liste des UNESCO-Welterbes aufgenommen worden.

Bevor man den Stadtrundgang beendet, sollte man noch im alten Bürgerhaus in der Brückenstraße 10 haltmachen. Sie machen damit einen riesigen Sprung durch die Geschichte. Hier erblickte nämlich am 5. Mai 1818 Karl Marx das Licht der Welt. Das hierin eingerichtete Museum informiert über Marx' Rolle als „Vater des wissenschaftlichen Sozialismus" und dokumentiert dies anhand von Büchern, Handschriften und Briefen.

Von Trier nach Saarbrücken

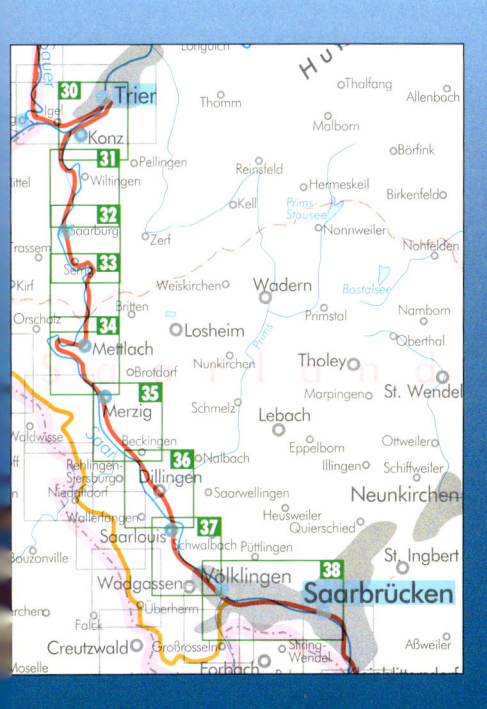

102 km

Im vierten Abschnitt verlassen Sie die Römerstadt Trier und zunächst geleitet Sie die Mosel bis zur Saarmündung in Konz. An der Saar machen bald die Weingärten den Wäldern und Höhen des Hunsrück Platz. Am Ufer der Saar geht es hinter dem sehenswerten Saarburg, über dessen verwinkelten Gassen die Burg thront, weiter durch waldreiches Gebiet bis zur berühmten Saarschleife. Danach durchfahren Sie das Merziger Land, das sich gerne als „Äppelkischd" bezeichnet. Ab Saarlouis geht es stromaufwärts vorbei am Weltkulturerbe Völklingen in Richtung Saarbrücken.

Die Route verläuft fast durchgehend auf gut ausgebauten Radwegen am Flussufer und es kommen keine Steigungen vor.

Trier

Matthias Basilika

Von Trier nach Saarburg — 21,5 km

Von der **Kaiser-Wilhelm-Brücke** nach rechts wenden und weiterhin am Moselufer entlang ↝ unter der **Römerbrücke** hindurch ↝ weiter auf dem asphaltierten Radweg zwischen B 51 und Mosel ↝ die Konrad-Adenauer-Brücke wird passiert.

Tipp: In gerader Verlängerung dieser Brücke führt eine Straße zur sehenswerten St. Matthias-Basilika.

St. Matthias-Basilika

Die St. Matthias-Basilika verdankt ihre Entstehung einem römischen Gräberfeld. Der erste Bischof von Trier, Eucharius, errichtete über den Toten eine dem Evangelisten Johannes geweihte Kirche. In ihr wurden er und sein Nachfolger Valerius bestattet, allerdings wurde diese „Cella Eucharii" von den Franken zerstört. Um 460 erbaute Bischof Cyrillus in der Nähe ein neues Gotteshaus und übertrug die Gebeine der Heiligen dorthin.

In jener Zeit siedelte sich hier auch eine Klerikergemeinschaft an. Beim Bau der jetzigen Basilika um 1127 fand man die Reliquie des Apostels Matthias. Damit war das Heiligtum nicht nur Grablege der Bischöfe, sondern auch das Ziel unzähliger, den Apostel verehrende Pilger. Der Volksmund wandelte den Namen der Wallfahrtsstätte von St. Eucharius in St. Matthias um. Als es 1148 von Papst Eugen III. geweiht wurde, nahmen an der Feier nicht weniger als 47 Kardinäle teil, ein Beleg für die Bedeutung des Gotteshauses.

Auf dem flussbegleitenden Radweg wird die Staustufe passiert, hier endet das Stadtgebiet von Trier ↝ der Radweg führt nun entlang der Bahnlinie bis nach Konz ↝ am Ortsbeginn ragen die Überreste der einst großen Klosteranlage Karthaus aus dem Häusermeer.

Klosteranlage Karthaus

Die schmale hohe, einschiffige Kirche bildete die Mittelachse der Anlage. Die Portalfassade aus Rotsandstein reicht mit dem doppelten Volutengiebel über das Dach hinaus. Aus der Ferne natürlich nicht zu erkennen, aber den Gesamteindruck bestimmend, schmücken die Front außerdem die überlebensgroßen Figuren des Hl. Bruno und des Hl. Franziskus.

Konz

PLZ: D-54329; Vorwahl: 06501

- **Tourist-Information**, Granastr. 22, ✆ 7790
- **Volkskunde- und Freilichtmuseum Roscheider Hof**, ✆ 92710, ÖZ: Di-Fr 9-18 Uhr, Sa, So/Fei 10-18 Uhr. Es werden geschichtliche Zeugnisse der Region ausgestellt. Bei der Fahrt zum Museum ist ein steiler Anstieg zu bewältigen.

Konz – Roscheider Hof

🟪 **Römischer Tempelbezirk** bei Tawern, oberhalb Tawern auf dem Metzenberg, ✆ 17167, ÖZ: ganzjährig frei zugänglich. Die Ausgrabungen 1986/87 brachten 6 Tempel mit Nebengebäuden, Toranlagen und einem Brunnen zu Tage.

Konz war der ehemalige Sommersitz Contoniacum des römischen Kaisers Valentinian I., der von 364 bis 375 n. Chr. für den westlichen Reichsteil zuständig war. Von der einst prächtigen Kaiservilla ist leider nicht mehr viel zu sehen.

Viel zu sehen gibt es hingegen am Roscheider Hof, der seit dem 14. Jahrhundert als landwirtschaftliches Gut der Benediktiner fungierte. Um ihn herum wurde ein malerisches Dorf aus alten Häusern aus dem Hunsrück aufgebaut. Verschiedene Handwerksbetriebe, ein Schulhaus und sogar ein Krämerladen wurden originalgetreu aufgebaut, und natürlich fehlt es auch nicht an Einrichtungsgegenständen aus alten Tagen. Bei einem Bummel durch dieses Museum wird man unserer hektischen Welt entrissen und in die Zeit unserer Urgroßeltern zurückversetzt.

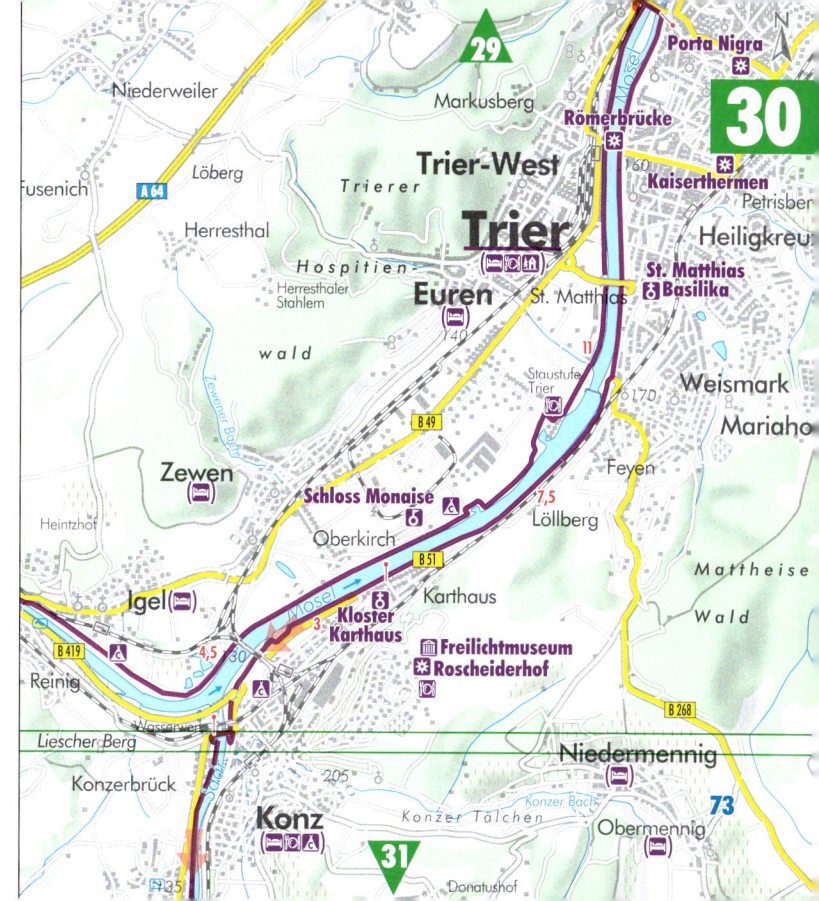

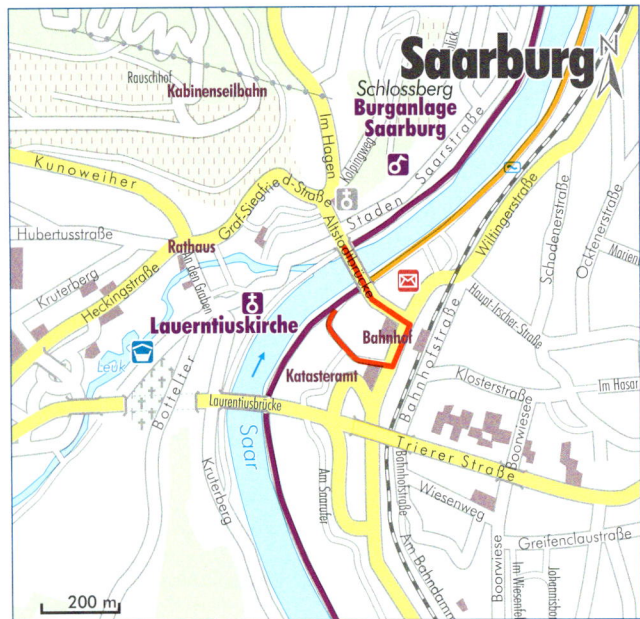

Auf dem Fluss-Radweg an Konz vorbei ~ um einen kleinen Bootshafen herum ~ unter der Eisenbahnbrücke hindurch ~ nun weiter Richtung Süden zur Saarbrücke.

Tipp: Hier trennt sich die Route von der Mosel und es geht nun an der Saar entlang auf dem Saar-Radweg weiter.
Unter der Saarbrücke hindurch ~ unter der Eisenbahnbrücke und danach nochmals unter einer Straßenbrücke hindurch ~ zu dieser Brücke hinauffahren und ans andere Ufer ~ nach der Brücke in einem Bogen zum Ufer hinunter und nun am linken Saar-Ufer bis nach Saarburg.
Tipp: Von Konz bis Saarburg verläuft der Saar-Radweg beidseits der Saar. Die VeloRoute SaarLorLux verläuft am linken Saar-Ufer. Eine genauere Beschreibung ist kaum vonnöten, da der Weg ohne Unterbrechung direkt am Saar-Ufer entlangführt.

Saarburg
PLZ: 54439; Vorwahl: 06581

- **Tourist-Information**, Graf-Siegfried-Str. 32, ✆ 995980
- **Saar-PersonenSchifffahrt GmbH**, Laurentiusberg 5, ✆ 99188. Saarburg-Wasserbillig und zurück, Abfahrt jeden Mi 11 Uhr (Juli-Sept.), Saarburg-Mettlach-Saarschleife, Abfahrt jeden Do und Sa 9 Uhr (ab Mai), Saarburg-Rundfahrten Di-Sa 14 Uhr, Di, Mi, Do, So 16 Uhr und So auch 14.30 Uhr (Juli-Sept., Mi nur 16.45 Uhr).
- **Amüseum am Wasserfall**, Am Markt 29, ✆ 994642. Städtisches Museum. Ursprünglich stammt die alte Mühle aus dem Jahr 1657. Gezeigt werden historische Handwerkerberufe wie das Handwerk des Druckers, Gerbers, Glockengießers oder Schiffers. Das bedeutendste Ausstellungsstück ist die älteste funktionstüchtige Turbine Deutschlands.
- **Burgruine Saarburg**, ✆ 995980. Im Jahre 964 von Graf Siegfried von Luxemburg errichtet.
- **Glockengießerei**, Inh. Wolfgang Hausen-Mabilon, Staden 130, ✆ 2336, ÖZ: Mo-Fr 9-12 Uhr und 14-16 Uhr.
- **Hackenberger Mühle**, Beim Wasserfall, ✆ 994642.

Die Feste Saarburg genoss schon im frühen Mittelalter den Ruf einer berühmten, fürstlichen Burg. Graf Siegfried von Luxemburg erkannte den Charme der malerischen Landschaft und

Saarburg – Wasserfall

ließ auf dem Inselberg hoch über der Saar eine der ersten Höhenburgen des Westens erbauen.

Zu Füßen der trutzigen Wehrmauern wuchs eine kleine Stadt heran, die mit seinen verwinkelten Gässchen, Treppen, Steigen und Brückchen, Fachwerkhäusern und Barockbauten eine unvergleichliche Atmosphäre ausstrahlt. Mitten durch die Stadt fließt der Leukbach, der sich über Felskaskaden zwanzig Meter in die Tiefe stürzt. Im Talkessel flankieren alte Häuser mit Mühlrädern jenes Bachbett, das die Saarburger schon im Mittelalter für das Gewässer anlegten. Es speiste Burggräben und Wasserleitungen. Eine sehenswerte Rarität ist auch die seit 1770 ansässige Glockengießerei, in der sich heute ein Museum befindet.

Von Saarburg nach Mettlach 19,5 km

In Saarburg gelangen Sie an die **Altstadtbrücke** auf dieser über die Saar an der **Wiltingerstraße** rechts am Bahnhof vorbei und die nächste Straße rechts wiederum rechts halten und am Saar-Ufer links auf dem Fluss-Radweg.

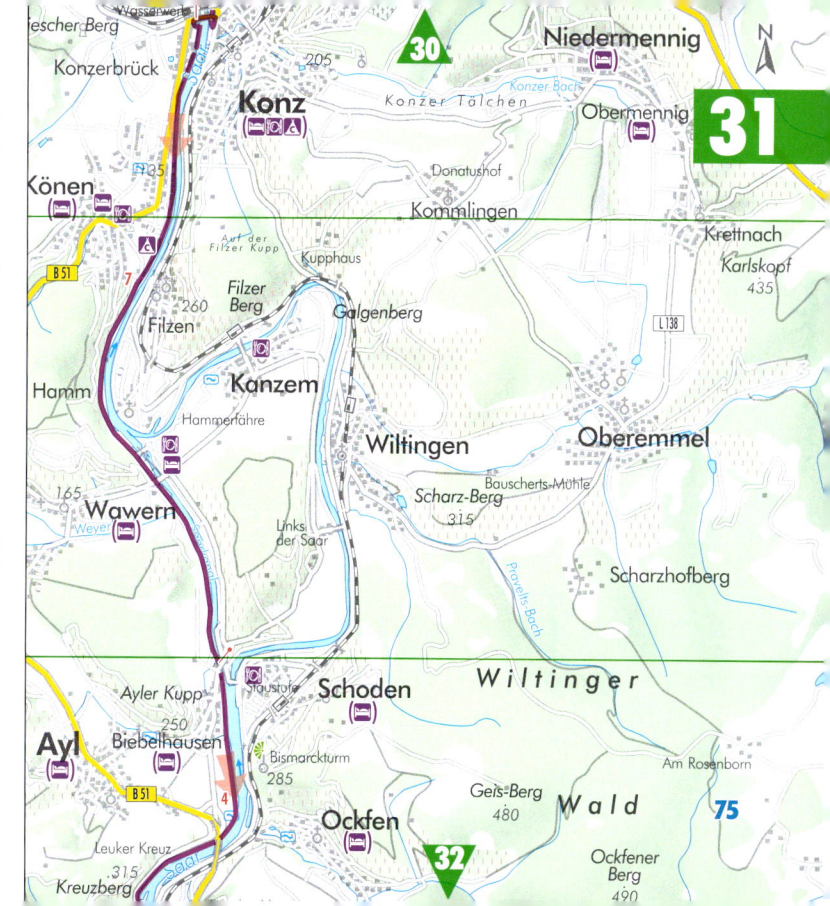

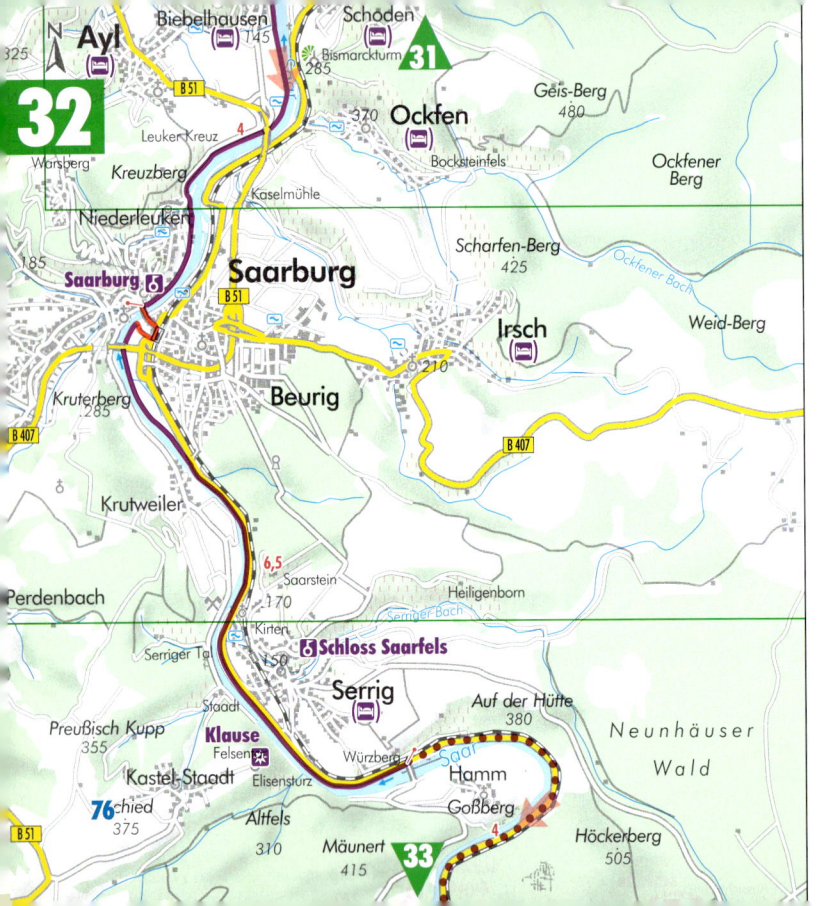

Der Radweg verläuft nun am rechten Ufer ~ ca. 6 Kilometer sind es bis nach Serrig.

Serrig

Schloss Saarfels. Das Schloss wurde vom Architekten Christoph Ewen von 1912-14 erbaut. Zur Gestaltung des Schlosses wurde der gesamte Fundus der Burgenromantik des 19 Jhs. eingesetzt.

Nächster Blickfang auf der rechten Seite ist die Klause Kastel-Staadt.

Klause Kastel-Staadt

Aus einer Fliehburg der Kelten entstand auf dem Felsvorsprung hoch über der Saar eine Einsiedelei. Ein französischer Franziskanermönch ließ sich um 1600 in den Höhlenkammern der Felsen nieder. Die Kreuzkirche, die der Mönch errichtete, wurde später vom preußischen Baumeister Carl-Friedrich von Schinkel im Auftrag seines Königs zu einer Grabeskirche umgebaut. In diesem Gotteshaus hat der Leichnam des blinden Königs Johann von Böhmen, der 1346 bei Crecy gefallen war, geruht.

Bei der Brücke hinter Serrig führt der Radweg direkt auf die Straße und als Radstreifen daneben her ~ durch die Saarschleife bis zur Brücke nach Taben-Rodt ~ hier über die Saar und links halten.

Tipp: Geradeaus kommen Sie nach Taben-Rodt, das ca. 100 Meter oberhalb der Saar liegt.

Taben-Rodt

PLZ: D-54441; Vorwahl: 06582

Michaelskapelle. Die gotische Kapelle bietet einen guten Ausblick über das Saartal.

Saarsteilhänge am Kaiserweg und **Tabener Urwald**, 120 ha großes Naturschutzgebiet. Den Namen trägt das Gebiet, da die Holznutzung in weiten Teilen seit 100 bis 200 Jahren stillgelegt wurde. Aus dem Grund finden hier viele bedrohte Insektenarten ihren Lebensraum.

Über die Errichtung der Michaelskapelle erzählen sich die Leute eine bekannte Sage. Ein Ritter, der auf der Flucht vor seinen Feinden war, stand plötzlich vor einem schauerlichen Abgrund. Er konnte mit seinem Pferd keinen anderen Fluchtweg finden. In seiner Verzweiflung betete er zum Heiligen Michael und gelobte ihm eine Kapelle zu errichten, falls er seine Flucht überlebte. Daraufhin stürzte sich der Ritter in die Tiefe. Wie durch ein Wunder überlebte der tapfere Held den Sprung in die Saar. Der Ritter vergaß sein Versprechen nicht und ließ vor dem Abgrund eine Kapelle zu Ehren des Heiligen Michaels erbauen. Den Rest seines Lebens verbrachte er als Mönch im Benediktinerkloster in Mettlach.

Taben-Rodt gehört zur „route du cidre", die auch „Viezstraße" genannt wird. Den Namen trägt die Straße aufgrund des traditionellen Apfelweines „Viez", auf französisch „cidre". Die „Viezstraße" führt von Konz bis Siersburg. Die ansässigen Landwirte verführen mit eigenen Probierstuben, Brennereien und Bauernläden.

Ein Linksknick bei der **Lohmühle** und danach links von der Straße abbiegen auf den unbefestigten Radweg – dieser führt nun wieder direkt am Ufer entlang – der Radweg ist geschottert, aber sehr gut befahrbar.

Saarhölzbach

Pfarrkirche. Die handgeschnitzte Kanzel ist besonders wertvoll. Im Pfarrgarten findet man einen Grenzstein. Errichtet wurde er in der kurfürstlich trierischen Zeit im Jahr 1779.

Tipp: Der Steg nach Saarhölzbach markiert die Grenze zwischen den beiden Bundesländern Saarland und Rheinland-Pfalz.

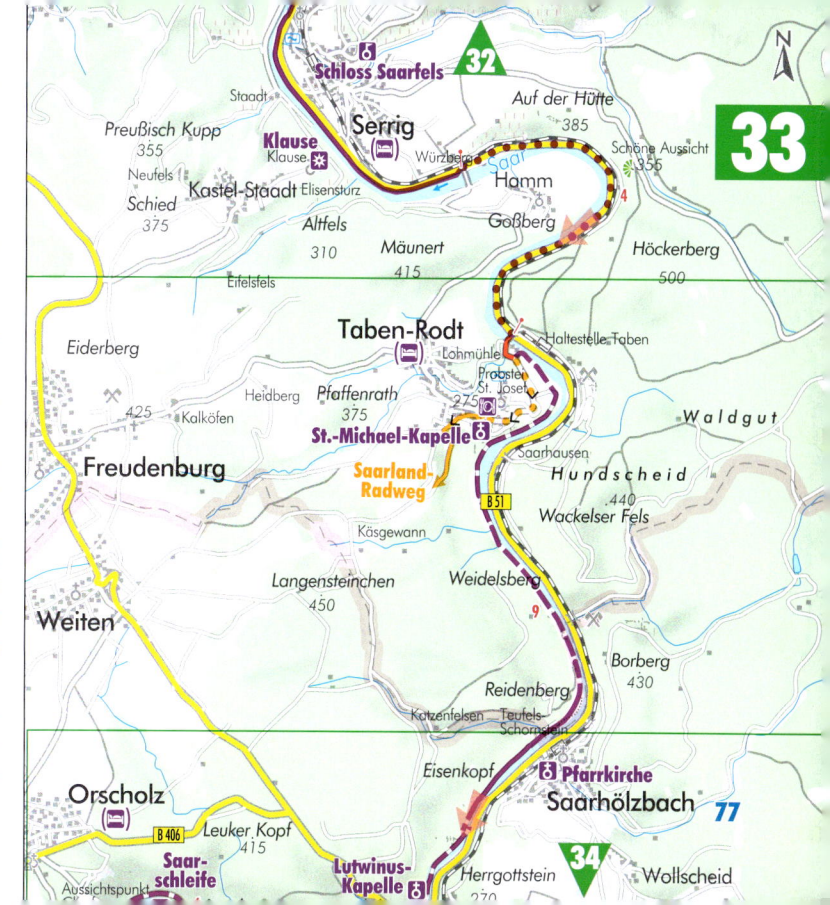

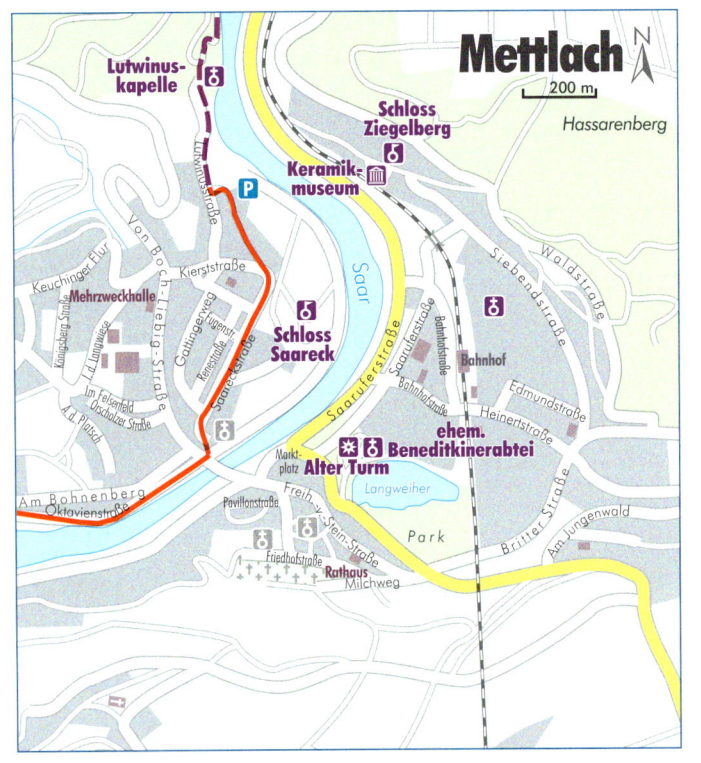

Weiterhin am Ufer des Flusses ca. 4 Kilometer bis nach Mettlach ⁓ bei der **Lutwinuskapelle** rechts von der Saar weg auf der **Lutwinusstraße** ⁓ links in den Anliegerweg und an einer Grünanlage entlang bis an die **Saareckstraße** ⁓ hier links und derem Verlauf folgen ⁓ schließlich links halten zur Saarbrücke.

Tipp: Wenn Sie über die Brücke fahren, können Sie Mettlach besichtigen, die Route führt an diesem Ufer weiter.

Mettlach
PLZ: D-66693; Vorwahl: 06864

- **Saarschleife Touristik**, Freiherr-von-Stein-Str. 64 ☏ 8334
- **Maria Croon GmbH**, ☏ 06868/1237, Saar-Schifffahrten zur Saarschleife u. Richtung Saarburg

Hammerschleife

- **Saar-Personenschifffahrts GmbH**, ☏ 06581/99188, Saar-Schifffahrten zur Saarschleife u. Richtung Saarburg
- **Keramik-Erlebniszentrum**, Alte Abtei, Saaruferstraße, ☏ 811020, ÖZ: Mo-Fr 9-18 Uhr, Sa, So/Fei 9.30-16 Uhr, Führungen: n. V. In der ehemaligen Benediktiner-Abtei sind drei Ausstellungen untergebracht: **Keravision**, die Keramik der Firma Villeroy & Boch ab 1748, **Erlebniswelt Tischkultur** und das **Keramikmuseum**. **Museumscafé** im Stil des Dresdner Milchladens.

- 🅗 **Kirche St. Lutwinus** (um 1900), Freiherr-von-Stein-Straße, mit beeindruckenden Fußboden- und Wandmosaiken.
- ✱ **Alter Turm**, Benediktinerabtei, ✆ 811020. Der 1.000-jährige Turm ist das Wahrzeichen der Gemeinde und ältestes sakrales Bauwerk im Saarland. Er ist der Rest einer ursprünglich romanischen Grabkirche im Park der ehemaligen Benediktiner-Abtei.
- 🚲 **Fahrrad Hoffmann**, ✆ 303

Mettlach ist eine Gründung des fränkischen Großen Lutwinus aus der Zeit um 676. Zu diesem Zeitpunkt entstand „zwischen den Seen", was im Fränkischen „medelago" hieß, ein Benediktinerkloster. Dieses Kloster und die Herren auf Burg Montclair prägten das Leben in Mettlach und der weiteren Umgebung durch das gesamte Mittelalter bis hin zur Französischen Revolution. Ihr folgte die Säkularisierung des Klosters und dessen Verkauf an die Familie Boch, die dort eine Keramikmanufaktur einrichtete. So wie vorher das Kloster, bestimmt von 1809 bis heute diese Fabrik das Leben in Mettlach.

Im Park der ehemaligen Abtei, die heute eher wie ein Barockschloss aussieht, befindet sich das Wahrzeichen von Mettlach, der Alte Turm. Dieser Turm ist

Saartal

im Wesentlichen der Rest der Grabeskirche für den Gründer der Abtei, Abt Lioffin, der diese zwischen 987 und 994 erbauen ließ. Einige Elemente blieben seit ottonischen Zeiten erhalten, so der große Torbogen und der Umgang im Obergeschoss. Die Maßwerkfenster und das Steingewölbe sind gotisch. Das für den Bau so charakteristische flache Zeltdach stammt allerdings aus dem letzten Jahrhundert, dieses ließ nach dem Einsturz des hohen gotischen Schieferhelmes Eugen von Boch anfertigen.

Die Geschichte des Hauses Villeroy&Boch

Die Geschichte des Unternehmens Villeroy&Boch begann im Jahre 1748. François Boch, ein Eisengießer aus Lothringen, gründete einen Keramikbetrieb. Die Produkte eroberten bald den Markt. Sogar Kaiserin Maria Theresia hat dem Geschirr hohen Stellenwert beigemessen, sodass die Produkte das kaiserliche Wappen tragen durften.

In Wallerfangen an der Saar eröffnete Nicolas Villeroy 1791 eine Steingutmanufaktur. Auch seine Produkte fanden großen Anklang. Die Mitarbeiter der Firmen Boch und Villeroy erhielten Sozialleistungen, was für diese Zeit ungewöhnlich war. Das damalige Modell dient noch heute als Vorbild für die deutsche Sozialversicherung.

Villeroy und Boch beschlossen 1836 ein gemeinsames Unternehmen zu gründen. Nach dieser Vereinigung stand der internationalen Erweiterung der Firma Villeroy&Boch nichts mehr im Wege. Sanitärkeramik und Fliesen wurden neben der Tischkultur zu den neuen Markenzeichen von Villeroy&Boch. 1809 wurde der Hauptsitz von Villeroy&Boch in Mettlach angesiedelt. Die Gründe dafür waren vielseitig. Einerseits konnten Rohstoffe per Schiff gebracht werden, andererseits ist die Gegend um Mettlach ein guter Holz- und Kohlelieferant. Noch heute wird das bekannte Unternehmen von Mettlach aus gesteuert.

Tipp: Hier zweigt der Saarland-Radweg von der Saar ab, zwischen Taben-Rodt und Mettlach verläuft er parallel zum Saar-Radweg und zur VeloRoute Saar-LorLux.

Mettlach – Alter Turm

Von Mettlach nach Merzig 15 km
Die Route führt an der Saarbrücke rechts weiter auf der **Oktavienstraße** direkt am linken Ufer am Ortsende an der Staustufe vorbei und weiter auf dem gekiesten Radweg es geht nun auf die Saarschleife zu am anderen Ufer befindet sich die Burgruine Montclair.

Burgruine Montclair

Im 10. Jahrhundert entstand auf dem Umlaufberg fast 400 Meter über der Saarschleife die Burg Skiva, der vermutliche Sitz der Grafen im Saargau. Erst um das Jahr 1250 waren die Grafen von Montclair die Herren der Burg.
1350 kam es zwischen Jakob von Montclair und dem Trierer Erzbischof Balduin zu einer Auseinandersetzung, auf die eine denkwürdige Belagerung folgte. Ritter Jakob vertraute auf die dicken, festen Mauern seiner Burg, die aufgrund ihrer Lage in der Saarschleife schwer einzunehmen war. Der einzige Zugang auf der Landseite von St. Gangolf her war durch Bollwerke, Wälle und Gräben gut gesichert. Eine große Zahl von Rittern und Knappen war auf der Burg versammelt, um die Verteidigung zu übernehmen.
Balduin erschien mit starker Streitmacht. Um die Belagerten von jeder Zufuhr abzusperren, wurde die Saar für den Schiffverkehr gesperrt, er selbst schlug sein Lager bei St. Gangolf auf. Ritter Hartart von Schönecken, Balduins Feldhauptmann, begann den Angriff, den die Besatzung der Burg abwehren konnte. Ritter Hartart fiel an der Spitze seiner Leute. Daraufhin entschloss sich Balduin, die Vorburg, die die Wasserquelle für die Burg schützte, zu vernichten, und bemächtigte sich nach kurzem Kampf der Quelle. Am 22. Dezember 1351 musste Jakob die Burg an den Erzbischof übergeben. Er verließ mit seinen Leuten, die Waffen und Kostbarkeiten mitnahmen, soviel sie tragen konnten, mit kriegerischen Ehren die Burg, die Balduin schleifen ließ. Erst 1349 entstand dann jene Burg, deren Ruinen heute noch erhalten sind. Arnold von Sierck hatte die Erlaubnis für den Neubau der Burg, die jedoch bei weitem nicht mehr so bedeutend war wie ihre Vorgängerin.

Weiter auf dem Radweg bis zu dem Gasthaus in der Saarschleife — hier endet der Radweg, weiter auf der Uferstraße — durch **Dreisbach** hindurch und weiter am Ufer — zirka einen Kilometer hinter dem Ort links abbiegen auf den Kiesweg und weiterhin direkt am Ufer entlang bis zur Brücke in Besseringen — unter der Brücke hindurch und in einem Bogen zur Straße hinauf — über die Brücke und am anderen Ufer links hinunter ans Saar-Ufer und direkt am Ufer weiter.

Besseringen

An Besseringen entlang — an der nächsten Brücke ein Linksbogen und über die Brücke ans andere Ufer zurück — gleich nach der Brücke links und weiter auf dem asphaltierten Radweg Richtung Merzig.
Unter der Straßenbrücke hindurch — zur Linken beginnt bereits Merzig — die Route verläuft weiterhin am linken Saar-Ufer — vor dem Jachthafen rechts auf den **Grammweg** und danach wieder links zum Ufer.

Tipp: Sie können hier auch geradeaus fahren und auf der Brücke die Saar überqueren, um Merzig zu besichtigen.

Merzig

PLZ: D-66663; Vorwahl: 06861

- Tourist-Info, Poststr. 12, ✆ 73874
- Fremdenverkehrsamt, Poststr. 12, ✆ 72120
- Saar-Personenschifffahrt GmbH & CoKG, Losheimer Str. 31, ✆ 06581/99188. Merzig-Mettlach-Saarburg und zurück, Abfahrt Do, Sa, So/Fei 9 Uhr, Voranmeldung erbeten.

🏛 **Probsteikirche St. Peter**, Probsteistraße, diese Kirche ist die einzige noch erhaltene romanische Kirche im Saarland, erbaut wurde sie um 1200.

🏛 **Expeditions-Museum Werner Freund**, Probsteistraße, Infos unter ✆ 72120, ÖZ: So 14-18 Uhr. Exponate aus Südamerika, Afrika, Asien und Papua Neuguinea sind dort zu bewundern.

🏛 **Museum Schloss Fellenberg**, Torstr. 45a, ✆ 793030, ÖZ: Di-So/Fei 14-18 Uhr. Im ehemaligen Schloss der Familie von Fellenberg befindet sich seit 1980 ein Museum für regionale Geschichte.

🏛 **Feinmechanisches Museum Fellenbergmühle**, Marienstr. 34, ✆ 76813, ÖZ: 14-18 Uhr. In der ehemaligen Mahlmühle (1797) wurde 1927 eine feinmechanische Werkstatt eingerichtet, die heute eine Rarität der Industriegeschichte darstellt.

✳ **Historisches Rathaus**, Poststraße.

🐾 **Wolfspark**, Im Kammerforst, ✆ 911818, ÖZ: Mo-So bis zum Einbruch der Dunkelheit. Führungen: n. tel. V. mit Herrn Werner Freund, jeden 1. So im Monat um 16 Uhr eine kostenlose Führung.

🌿 **„Gärten ohne Grenzen"**, Garten der Sinne, Ellerweg/Kreuzberg, tel. Anmeldung für Führungen unter ✆ 93080, ÖZ: April-Okt., Di-Fr 8-17 Uhr, Sa, So/Fei 11-18 Uhr; Mai-Sept., Di-Fr 8-20 Uhr, Sa, So/Fei 10-20 Uhr. Auf dem Merziger Kreuzberg ist auf 15.000 m² ein Garten entstanden, in dem alle fünf Sinne des Menschen angesprochen werden sollen, Teilbereiche sind z. B. der Garten der Klänge, der Rosen- und Duftgarten, ein Theatergarten, der Stein- und Tastgarten, ein Wassergarten und ein Wald- und Meditationsgarten.

💧 **Bietzener Heilquelle**, Info Merziger Bäder GmbH, Am Gaswerk 10, ✆ 7006100, liegt zwischen der Saar und der B 51. Das Wasser kommt aus 160 m Tiefe und ist zwischen 5.000 und 15.000 Jahre alt.

🚲 **Radskeller Pädalo**, ✆ 780676.

🚲 **Radsporthaus Boos**, Wagnerstr. 4, ✆ 73223.

🚲 **Werners' Fahrrad-Center**, Hochwaldstr. 54, ✆ 5161.

Merzig bezeichnet sich gerne als die „Äppelkischd" des Saarlandes, da es Unmengen von Obstbäumen in dieser Gegend gibt. Alljährlich im Herbst (jeweils am 1. Samstag im Oktober) findet in dem kleinen Städtchen das traditionsreiche Viezfest statt. Als Viez bezeichnet man hierzulande den Apfelwein. Man

Burgruine Montclair

kann sich vorstellen, dass es bei so einem Fest recht gesellig zugeht, zumal das bunte Treiben unter der Schirmherrschaft der Viezkönigin steht.

Von Merzig nach Wadgassen 27 km

Die Route führt am linken Ufer unter der Brücke hindurch und weiter auf dem asphaltierten Radweg — es geht nun ca. 6 Kilometer zwischen Autobahn und Saar dahin — schließlich stoßen Sie an einen Fluss, die Nied — hier rechts unter der Autobahn hindurch und am Fluss entlang bis an die B 406 — hier links und über die Brücke — nach der Brücke links auf den Dammweg einbiegen und direkt auf die Autobahn zu — auf dem Pflasterweg unter der A 8 hindurch und am Saar-Ufer rechts weiter — unter der Rehlinger Brücke hindurch

jenseits der Autobahn liegt der Ort.

Rehlingen
PLZ: D-66780; Vorwahl: 06833

- **Heimatmuseum Rehlingen**, Brückenstr. 37, ☎ 06835/508330, ÖZ: n.V.
- **Ehemalige Mühle**, Mühlweg. Der Kern des Bauwerks stammt aus dem 17. Jh., während des 18. Jhs. wurde die Mühle verändert, es wurden z. B. neue stichbogige Fenster eingebaut.

Wie durch zahlreiche Funde belegt wird, wurde die Talebene Rehlingens bereits von den alten Römern besiedelt. Der Ortsname steht wahrscheinlich mit dem altdeutschen Wort „Reh" oder „Rech" in Zusammenhang, was soviel wie Uferböschung bedeutet. Die erstmalige urkundliche Erwähnung der Ortschaft erfolgte im Jahre 1183. Zu dieser Zeit gab es auch bereits eine Zollstätte in

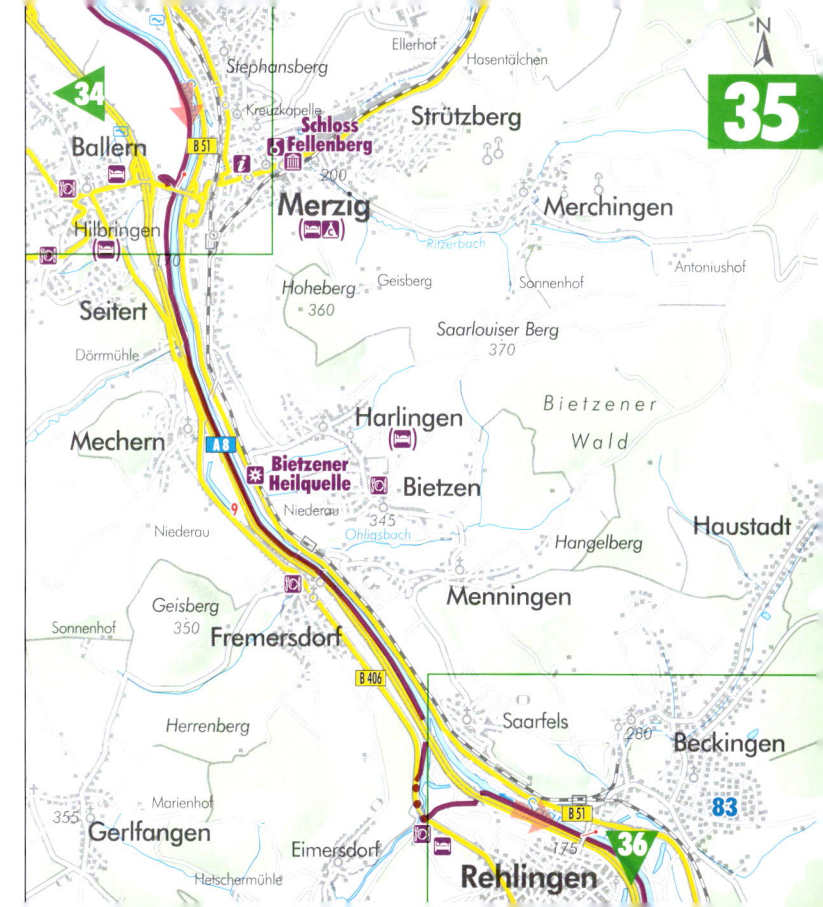

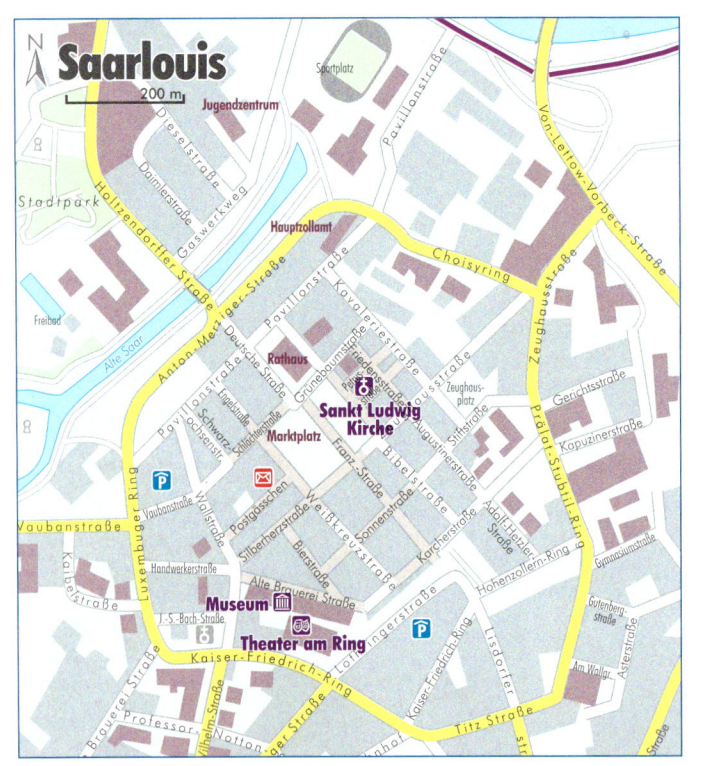

Rehlingen, jedes vorbeifahrende Schiff, mit Ausnahme der Schiffe des Klosters Lutra, musste Zoll an Rehlingen bezahlen. 1575 kam Rehlingen nach verschiedenen Besitzerwechseln in den Besitz der Familie von Hausen.

Tipp: In Rehlingen beginnt der 23 Kilometer lange Niedtal-Radweg, der nach Hemmersdorf am Saarland-Radweg führt. Eine leichte Tour entlang des Flusses Nied, der zum Baden und Paddeln bestens geeignet ist.

Weiter auf dem Radweg an der **Staustufe Rehlingen** vorbei nach ca. einem Kilometer an einigen Teichen entlang und unter der großen Eisenbahn- und Straßenbrücke hindurch.

Tipp: Hier besteht die Möglichkeit, einen kurzen Abstecher ans andere Ufer nach Dillingen zu unternehmen.

Dillingen
PLZ: D-66763; Vorwahl: 06831

- **Kulturamt** der Stadt Dillingen, Merziger Str., ✆ 709217
- **Museum Pachten**, Fischerstr. 2, Museum für Vor- und Frühgeschichte und Heimatkunde. ÖZ: So 15-18 Uhr.
- **Altes Schloss Dillingen**, ✆ 709212, ÖZ: ganzjährig nach Vereinbarung. Einrichtung im Stil Louis XVI.
- **Internationales Stahlsymposion**, in den Saarauen zwischen Wallerfanger Brücke und Ökosee. Stahlplastiken internationaler Künstler.

Die Hauptroute führt auf Asphalt am linken Ufer weiter ~ es geht wieder zwischen Autobahn und Saar entlang ~ unter zwei Brücken hindurch ~ ab der zweiten Brücke sind es drei Kilometer bis nach Saarlouis ~ hier können Sie vom Radweg einen Abstecher in die sehenswerte Stadt machen.

Tipp: In Saarlouis lässt sich die Geschichte auf Schritt und Tritt erleben. Ein Weg in die Stadt ist ausgeschildert.

Saarlouis
PLZ: D-66740; Vorwahl: 06831

- **Stadtinfo** im Rathaus, Grosser Markt 1, ✆ 443263
- **Städtisches Museum**, Alte Brauereistr., ✆ 128896, ÖZ: Di, Do 9-12 Uhr und 15-18 Uhr, So 15-18 Uhr. Wohnungseinrichtungen um 1900, kunstgewerbliche Hausgeräte aus lothringischen Werkstätten, das Schleifen der Festungswerke und Neubauten im Jugendstil, die Freiwillige Feuerwehr Saarlouis 1811, Grubenlampen, Marschall Vauban und Marschall Michel Ney sind Themen der vielfältigen Ausstellungen.
- **Haus Ludwig** für Kunst der DDR Saarlouis, ✆ 128540, ÖZ: Di-Fr 10-13 Uhr u. 14-17 Uhr; Sa, So/Fei 14-17 Uhr. Anhand von rund 100 Werken namhafter Künstler der ehemaligen DDR wird die Entwicklung der Kunst in Ostdeutschland seit dem Zweiten Weltkrieg dargestellt.
- **Festungsanlagen**. Die in Form des „königlichen Sechsecks" angeordneten Anlagen sind zum Teil noch recht gut erhalten (Festungslazarett, Kasematten, Kasernen).
- **Firma Schwarz**, Lisdorfer Str. 19, ✆ 2554
- **Sport Hausschild**, Deutsche Str. 6, ✆ 49231

1680 wurde Saarlouis auf Befehl von Ludwig XIV. in Form seines königlichen Hexagons gegründet. Zur Sicherung der Grenze zu Deutschland ließ der Sonnenkönig eine Festungsanlage unter der Leitung von niemand geringerem als Marschall Vauban erbauen. Die streng geometrisch angeordneten sechs Bastionen und das Hornwerk rechts der damals anders verlaufenden Saar waren die Kernstücke des mächtigen Bollwerks, das von einem sechsunddreißig Meter breiten wassergefüllten

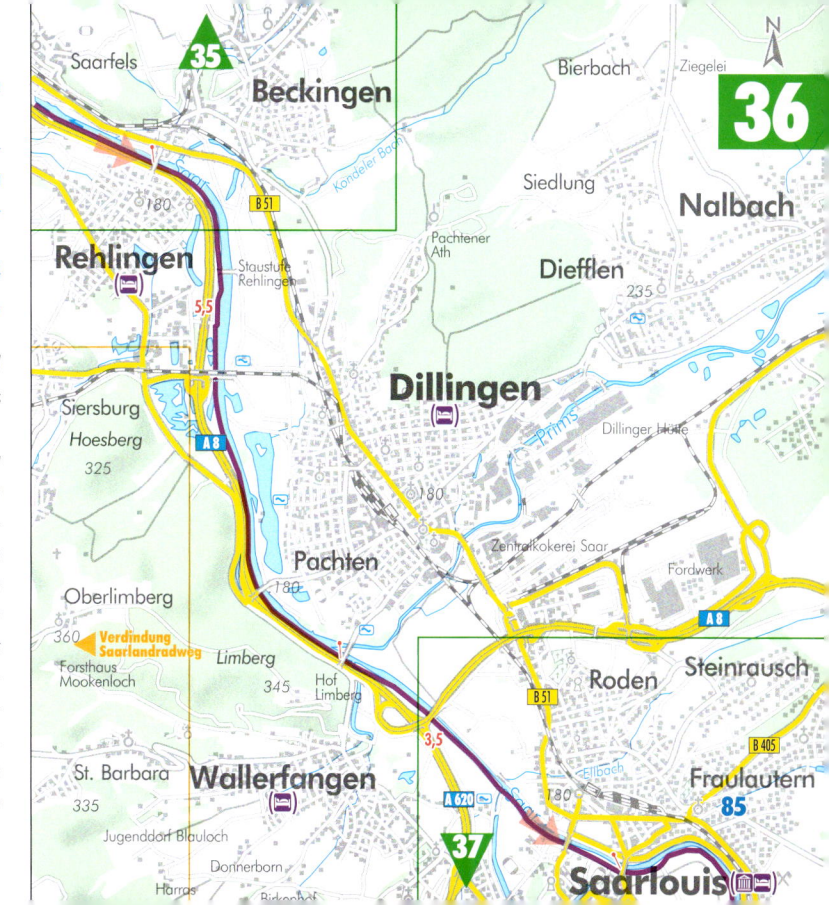

Hauptgraben umgeben war. Dem Graben vorgelagert waren noch fünf Demilunes, also Halbmonde, und acht Redouten. Ein weiteres wichtiges Element dieser sogenannten Inundationsfestung war die Schleusenbrücke. Durch die neun Schleusen konnte das Wasser der Saar um mehr als sechs Meter gestaut werden, sodass das Wasser einen bis zwei Meter höher stand als das umliegende Terrain. Schließlich wurden noch Kasematten als bombensichere Unterkünfte und Gefechtsstände angelegt.

Während der französischen Revolution wurde die Stadt in Sarre-Libre umbenannt. 1815 jedoch nahm der preußische König nach dem Sieg über Napoleon die Festung in Besitz. Das deutsche Tor wurde mit dem preußischen Adler und der preußischen Krone geschmückt. Mehrere Kasernen von preußischem Charakter wurden in der Stadt errichtet.

Soweit diese Bauwerke heute noch erhalten sind, zeugen sie von den erbitterten Machtkämpfen zwischen den beiden Ländern. Am Place d'Armes, dem ehemaligen Paradeplatz und heutigen Großen Markt, treffen sich die Deutsche und die Französische Straße. Fast ein Symbol für die heutige Gesinnung der Bevölkerung, die die Grenze zwischen Frankreich und Deutschland eher als verbindend denn als trennend empfindet. Und aus dem Bewusstsein der Vergangenheit erwächst das Vertrauen in die gemeinsame europäische Zukunft.

Der Radweg führt am linken Ufer unter der Straßenbrücke der B 405 hindurch und in einem weiten Rechtsbogen an der **Kapuzineraue** entlang – unter der Lisdorfer Brücke hindurch und gleich danach rechts auf den Dammweg – in einem Linksbogen an der Alten Saar entlang für ca. einen Kilometer – die **Staustufe Saarlouis** wird passiert.

Der Radweg führt weiterhin am Flussufer entlang und nähert sich nun der A 620 nach ca. 1,5 Kilometern zweigt der Radweg links von der Autobahn ab und führt direkt am Fluss bis nach Wadgassen.

Wadgassen
Vorwahl: 06834

- **Historisches Zweiradmuseum**, Saarstr. 14, ✆ 49135, ÖZ: So 10-17 Uhr.
- **Deutsches Zeitungsmuseum**, Am Abteihof 1, ✆ 9423-0, ÖZ: Di-So 10-16 Uhr.
- **Cristallerie Wadgassen**, ✆ 400240, ÖZ: Mo-Fr 10-16 Uhr. Um zu zeigen, wie Glas hergestellt wird, werden Führungen ab 10 Personen nach Voranmeldung durchgeführt.

Von Wadgassen nach Saarbrücken 19 km
Unter der Straßenbrücke hindurch – direkt neben der A 620 über eine Brücke – weiter auf dem ufernahen Radweg – es beginnt nun das Industriegebiet von Völklingen – Sie radeln rechts neben der Saar und kommen bald am Weltkulturerbe Alte Völklinger Hütte vorbei.

Saarlouis – großer Markt

Saar bei Wadgassen

Tipp: Kurz darauf in Völklingen-Wehrden haben Sie die Möglichkeit, die Tour abzukürzen und schon hier an die Mosel zu fahren bis nach Perl und dann weiter Richtung Luxemburg. Die Textbeschreibung dazu finden Sie ab Seite 91.

Völklingen
PLZ: D-66333; Vorwahl: 06898
- **Tourist-Info** im Alten Bahnhof, Rathausstr. 57, ✆ 21100

- **Eligius-Kirche** (1912-13), im Stil des Neobarock vom Mainzer Dombaumeister Ludwig Becker erbaut.
- **Versöhnungskirche** (1926-28), neobarocke Kirche mit 66 m hohem Turm und beeindruckendem Deckengemälde.
- **Hugenottenkirche Ludweiler**, 1786 im Stadtteil Ludweiler erbaute Barockkirche.
- **Weltkulturerbe Völklinger Hütte**, Europäisches Zentrum für Kunst und Industriekultur, Torhaus 1 im Hochofenbüro, ✆ 9100100, ÖZ: März-Nov., tägl. 10-19 Uhr. Eine gigantische Hüttenanlage auf 600.000 m² Fläche, 1873 gegründet und einzigartiges Zeugnis der industriellen Geschichte des 19. und 20. Jhs. 1986 stillgelegt und unter Denkmalschutz gestellt wurde sie 1994 in die Liste des UNESCO-Weltkulturerbes aufgenommen.

❄ **Altes Rathaus** (1874-1876), im klassizistischen Stil erbaut und später hinsichtlich Größe und Stilvielfalt erweitert.

❄ **Gründerzeithäuser** am Rathausplatz

❄ Die **Mühlgewannschule** am Hindenburgplatz zählt zu den größten und schönsten Jugendstilbauten im Saarland.

❄ **Alter Bahnhof** (1893), Rathausstr. 57. Der Bahnhof war Umschlagplatz für die aus Frankreich importierten Rohstoffe, die Hallen des Bahnhofs wurden zur Blütezeit der Alten Völklinger Hütte täglich von tausenden Hüttenarbeitern durchströmt. Heute befindet sich im Bahnhof ein Restaurant.

✏ **Zweirad Ferring**, Poststr. 51, ☎ 26385
✏ **Zweirad Kiel**, Ludweiler Str. 190, ☎ 7244

Als „hof und frie hofstadt folckelingen" wurde Völklingen im Mittelalter bezeichnet. Die Menschen lebten damals vom Fischerei- und Handwerksgewerbe. 822 wurde Völklingen als „Fulcolingas" erstmals urkundlich erwähnt. In den folgenden Jahrhunderten war die bäuerliche Siedlung dem Grafen von Saarbrücken unterstellt. Gegen Ende des Mittelalters gehörte Völklingen zu den wohlhabenderen Siedlungen der Grafschaft. Traditionelles Gewerbe wie Handwerk und Fischerei und auch die Eisen- und Kohlefunde trugen zu einer frühen Industrialisierung bei. Diese fand jedoch im Dreißigjährigen Krieg ein jähes Ende. Völklingen und das ganze Saarland litten immer wieder unter den Auseinandersetzungen der Großmächte. 1680 stand die Region unter französischer Herrschaft. Im 18. Jahrhundert kümmerten sich die Saarbrücker Grafen wieder um das Gebiet und nach einer Landreform blühte

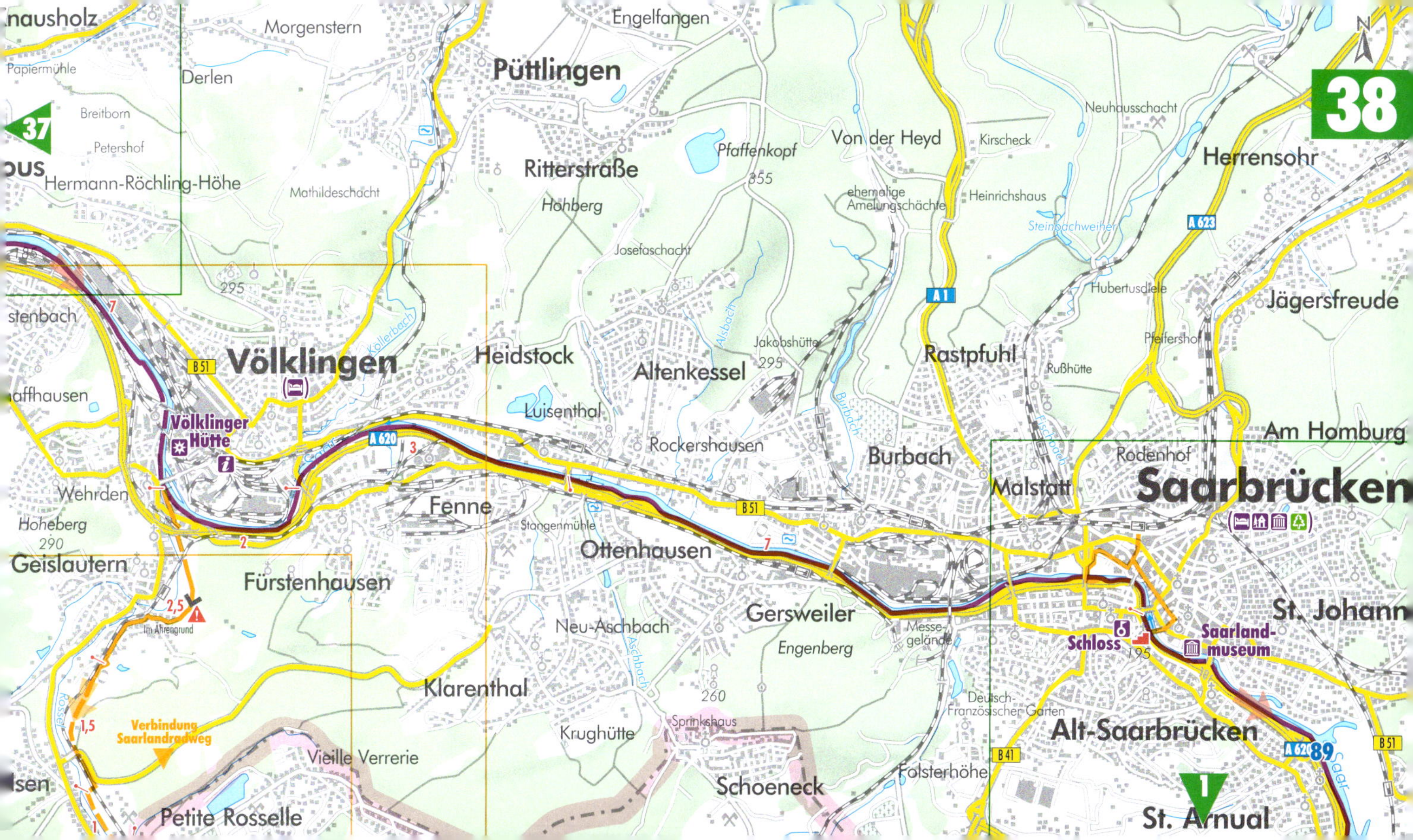

38
37
1
Püttlingen
Völklingen
Völklinger Hütte
Saarbrücken
Saarland-museum
Schloss
Verbindung Saarlandradweg
Morgenstern
Engelfangen
Derlen
Papiermühle
Breitborn
Petershof
Hermann-Röchling-Höhe
Mathildeschacht
Ritterstraße
Hohberg
Pfaffenkopf
355
Von der Heyd
Kirscheck
Neuhausschacht
Herrensohr
ehemalige Amelungschächte
Heinrichshaus
Steinbachweiher
Josefaschacht
Hubertusdiele
Jägersfreude
Jakobshütte
295
Rastpfuhl
Pfeifershof
Rußhütte
Heidstock
Altenkessel
Luisenthal
Rockershausen
Burbach
Malstatt
Rodenhof
Am Homburg
Fenne
Stangenmühle
Ottenhausen
Gersweiler
Engenberg
Messegelände
St. Johann
Wehrden
Hoheberg
290
Geislautern
Fürstenhausen
Neu-Aschbach
Klarenthal
Im Ahrengrund
Krughütte
Sprinkshaus
260
Deutsch-Französischer Garten
Alt-Saarbrücken
195
Vieille Verrerie
Schoeneck
Folsterhöhe
St. Arnual
Petite Rosselle
Kollerbach
Alsbach
Burbach
Fischbach
Aschbach
Rossel
Saar
A 1
A 620
A 623
B 51
B 41
2,5
1,5
89

auch die Wirtschaft wieder auf. Nach der Französischen Revolution fiel das Gebiet links des Rheins erneut der französischen Republik zu. In Völklingen entstand auf Anweisung Napoleons eine Berg- und Hüttenschule zur Erforschung und Weiterentwicklung des Bergbaus. Bestehende Verfahren wurden verbessert und neue Verfahren erfunden. 1815 fiel das Saarland an Preußen, welches die Industrialisierung in Völklingen entscheidend förderte. Der Ort wuchs zu einem Ballungsraum und wurde zum Standort moderner Industrie und Wirtschaft.

Weltkulturerbe Völklinger Hütte

1881 wurde die bereits bestehende gigantische Hüttenanlage von Herrmann Röchling erworben und unter der Führung der Familie Röchling entwickelte sich die Völklinger Hütte zu einem der bedeutendsten Eisen- und Stahlwerke in Europa.
Auf dem 600.000 m² großen Betriebsareal befindet sich eine riesige Hochofengruppe mit 45 m Höhe und 250 m Länge, außerdem eine Kokerei mit 104 Koksöfen und eine 10.000 m² große Möllerhalle (Zwischenlage für Rohstoffe). Bis 1986 war die Hütte in Betrieb, danach wurde sie stillgelegt. 1994 mache die UNESCO die Völklinger Hütte zum Weltkulturerbe und somit zum ersten und einzigartigen Denkmal des Industriezeitalters.

Der Radweg rechts der Saar führt bis nach Saarbrücken hinein ~ vorbei am Industriegebiet zwischen Völklingen und Saarbücken ~ zwischen Autobahn und Fluss auf einem asphaltierten Radweg schließlich erreichen Sie die riesige Straßenbrücke, die Westspange in Saarbrücken.

Weltkulturerebe Völklinger Hütte

Tipp: Hier können Sie vom Radweg abbiegen und gelangen so zum Bahnhof von Saarbrücken.

Vom Radweg rechts hinauf direkt an die Straße ~ rechts neben der Straße auf dem breiten Gehweg ~ über die Saar auf der **Westspangenbrücke** ~ von dieser rechts hinunter an die **Hafenstraße** ~ hier rechts bis zur **Faktoreistraße** ~ links abbiegen auf den Radstreifen ~ bei dem riesigen Backsteingebäude rechts in die Fußgängerzone und dann direkt auf den Bahnhof zu.

Saarbrücken s. S. 16

Von der Saar zur Mosel auf dem Saarland-Radweg

103,5 km

Dieser fünfte Abschnitt stellt eine Abkürzung für die VeloRoute SaarLorLux dar und führt vom Saar-Radweg bei Völklingen entlang der deutsch-französischen Grenze an die Mosel bei Perl. Auf diesem Weg lernen Sie nette kleine Orte wie Lauterbach, Überherrn oder Berus kennen. Sehenswert auf dieser Strecke ist die Römische Villa in Borg, die größte römische Villenanlage des Saar-Mosel-Raumes.

Die Route verläuft auf dem beschilderten Saarland-Radweg. Die Strecke ist größtenteils asphaltiert, es kommen allerdings kurze unbefestigte Teilstücke vor, zum Beispiel durch das Waldgebiet um Lauterbach und vor Berus. Auf Verkehr stoßen Sie erst in Perl – ein kurzes Stück auf der Bundesstraße, um auf den Mosel-Radweg zu gelangen. Steigungen gibt es einige entlang der Strecke, auch starke wie zum Beispiel im Warndt, rund um Berus oder hinter Biringen.

Verbindung Saarlandradweg 1

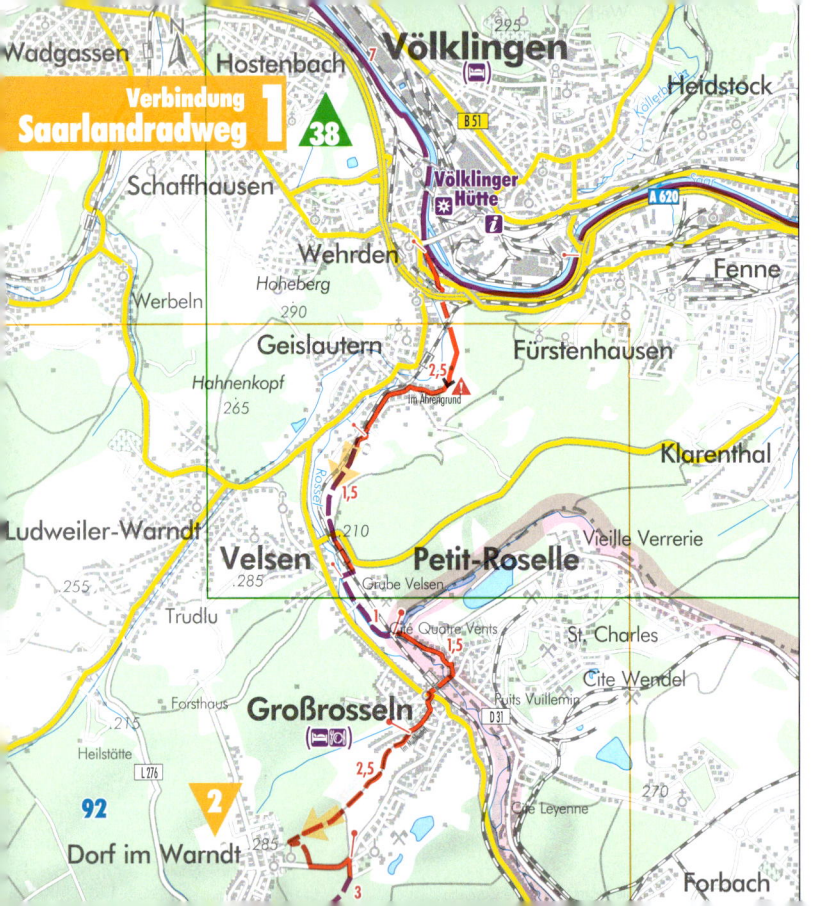

Völklingen-Wehrden

Von Wehrden nach Überherrn 38 km

Vom Saar-Radweg noch vor der Brücke über die Saar links an einem grünen Haus vorbei — zwischen Tankstelle und Supermarkt hindurch — an der Vorfahrtsstraße links und gleich in die erste rechts — unter Eisenbahn und Autobahn hindurch — kurz darauf unter der Bahn hindurch — dem Wegverlauf folgen — am Angelsportverein Geislautern vorbei — unter der Hochspannungsleitung hindurch und stark bergauf — der Pfad ist schmal und führt an einer Hecke entlang — er mündet in den Weg **Im Ährengrund** — dessen Verlauf folgen — an der Vorfahrtsstraße rechts und noch vor der Bahn links — nun dem Verlauf des Weges direkt an der Bahn entlang folgen.

Geislautern

Beim Sportplatz geradeaus weiter an der Bahn entlang auf Kies — der Weg wird schmäler und endet an der Bahn — hier geradeaus weiter auf dem Asphaltweg links neben der Bahn — nach einem halben Kilometer rechts über die Brücke — gleich danach links auf den unbefestigten Radweg am Fluss Rossel entlang — nach einem Kilometer unter der Bahn hindurch — kurz über die Grenze nach Frankreich — rechts halten und nun dem Straßenverlauf durch das Wohngebiet folgen — es geht bergab — an der Vorfahrtsstraße rechts — durch den Kreisverkehr und rechts hinaus über die Grenze und über den Fluss — unter der Bahn hindurch bis an die Vorfahrtsstraße — hier links.

Verbindung
Saarlandradweg 2

Kirche in Lauterbach

Großrosseln

Gleich wieder rechts bergauf **Im Mühlental** am Ortsende weiter auf Kies — durch den Wald — bei den ersten Häusern von **Dorf im Warndt** links und auf die Vorfahrtsstraße zu — um die Schranke herum und links.

An der folgenden Kreuzung rechts Richtung Tennisplatz — an diesem vorbei und danach weiter auf dem gekiesten Radweg — dessen Verlauf folgen, unter der Eisenbahn hindurch und links — an den Gleisen entlang nach ca. 1,5 Kilometern rechts über den Bach und wieder rechts an der Schranke vorbei — nach einem Kilometer um eine weitere Schranke herum und nach St. Nikolaus hinein.

St. Nikolaus

Dem Verlauf der Ortsdurchfahrtsstraße folgen — bei der Blockhütte rechts einbiegen und nun am Ufer des kleinen Sees entlang — weiter auf dem Radweg am Schützenhaus vorbei und kurz darauf von der **Friedhofsstraße** links einbiegen Richtung Französische Grenze — auf dem Wirtschaftsweg ca. 1,5 Kilometer und dann bei der Aussichtsplattform scharf nach rechts — weiterhin auf dem Landwirtschaftsweg — geradeaus über alle Kreuzungen — nach weiteren 1,5 Kilometern an der L 277 links — nach der Linkskurve rechts einbiegen und für drei Kilometer dem Wegverlauf folgen bis an die Vorfahrtsstraße — hier links auf den straßenbegleitenden Radweg — dieser führt bis nach Lauterbach.

Lauterbach

6 **Warndtdom.** Die Kirche St. Paulinus wird von den Einheimischen auch als „Warndtdom" bezeichnet. Das dreischiffige Gebäude wurde im neoromanischen Stil 1911-12 (mit Taufstein und Seitenaltären aus dem späten 18. Jh.) erbaut.

Im Ort bei der Kirche rechts in die Einbahnstraße — auf dem **Paulinusplatz** links in die **Felsenbrunner Straße** — rechts in die **Rensinger Straße** — in der Rechtskurve geradeaus auf den rot gesandeten Weg beim Wasserturm rechts in die Straße **Am Weinbrunnen** — am Sportplatz vorbei und an der Vorfahrtsstraße links.

Nach ca. einem Kilometer rechts auf einen Asphaltweg — nun 1,5 Kilometer direkt an der französischen Grenze entlang — dann links in den unbefestigten Weg — durch den Wald — an einem kleinen See vorbei — über den Parkplatz des Restaurants — noch vor der Vorfahrtsstraße links und gleich wieder links auf einem unbefestigen Weg am Waldrand entlang an der folgenden Viererkreuzung rechts und nun geradeaus.

Nach 1,5 Kilometern links nach weiteren 200 Metern rechts nun auf einem Kiesweg am Waldrand entlang in einem Linksbogen an die Vorfahrtsstraße diese wird überquert auf dem Asphaltweg am Waldrand entlang Rechtsbogen und durch **Marhof** hindurch auf welliger Strecke durch den Wald hinter dem Waldstück geradeaus auf Überherrn zu und auf der **Brückenstraße** in den Ort.

Überherrn

PLZ: D-66802; Vorwahl: 06836

🛈 **Gemeinde Überherrn**, Rathausstr. 101, ✆ 909122

🏛 **Museum Teufelsburg**, ✆ 06837/521, ÖZ: So 14-17 Uhr. Der Name Teufelsburg stammt von Arnold I. von Felsberg. Der Ritter trug als Beinamen „der Teufel", was damals soviel wie listig oder schlau bedeutete. Die Befestigungsanlage wurde von lothringischen Herzögen errichtet.

Das Gebiet um Überherrn gehörte im frühen Mittelalter den Grafen von Saarbrücken. Im 18. Jahrhundert ist das Gebiet an die französische Krone gefallen. Ludwig XV. machte seinem Leibarzt Richard die Region zum Geschenk. Später übernahm dessen Sohn Jean Baptiste Helene Richard die Baronie. Seine Herrschaft war nur von kurzer Dauer. Der unbeliebte Baron wurde während der Französischen Revolution von 1789 in Metz hingerichtet. Im Laufe der Zeit wechselte Überherrn noch des öfteren seine Staatenzugehörigkeit. Seit 1957 ist das Saarland und somit

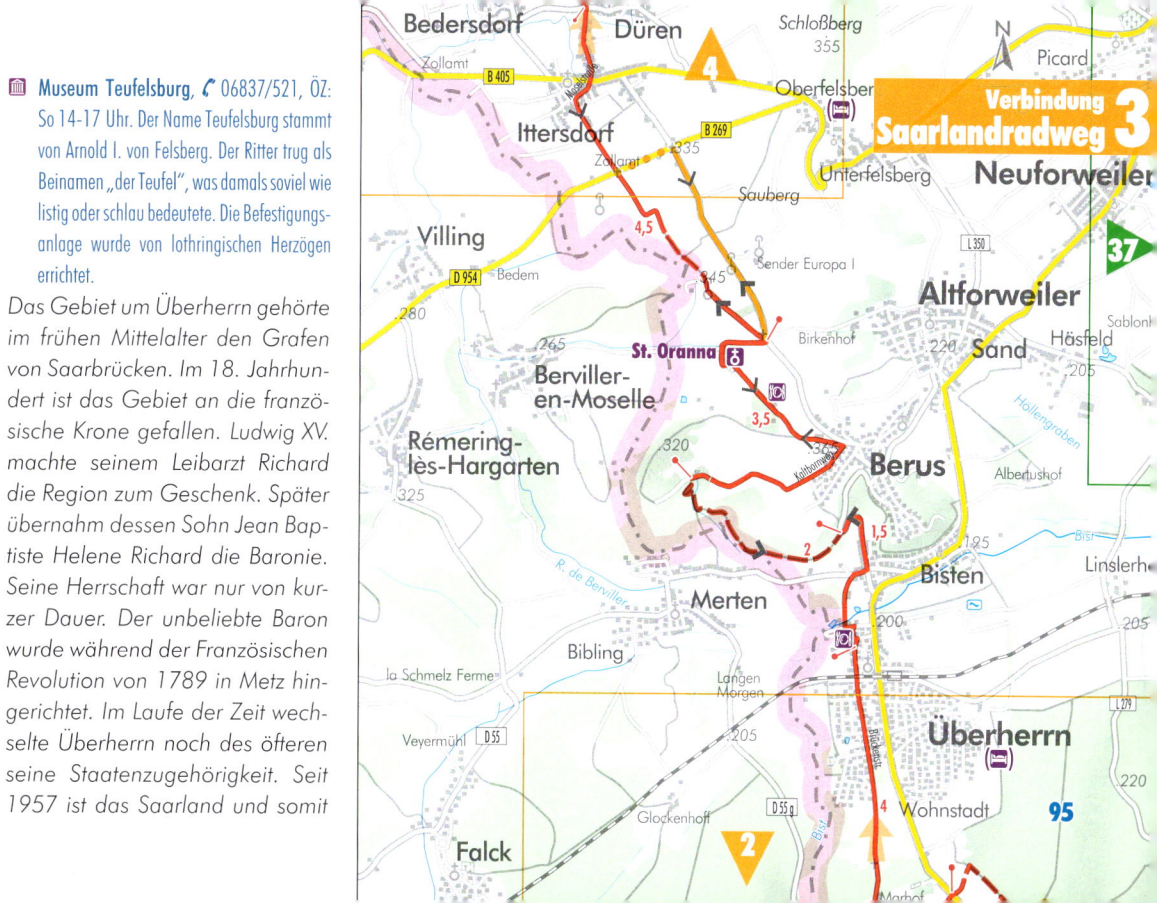

Schifffahrt auf der Saar

auch Überherrn ein Teil der Bundesrepublik Deutschland.

Von Überherrn nach Biringen   34,5 km

Auf der **Brückenstraße** geradeaus über die Bahn und weiter auf der **Bonifatiusstraße** im Linksbogen bis an die **Manderscheidstraße** — hier links und kurz darauf rechts — über eine Holzbrücke und nun dem Wegverlauf folgen — nochmals über eine kleine Brücke — vorbei an der Adolf-Colett-Halle in Bisten.

Bisten

An der L 169 rechts und an der folgenden Kreuzung links — aus dem Ort hinaus und dann in einer Kehre bergauf — in der nächsten Kehre links auf den unbefestigten Weg — es geht bergab — nach ca. 1,5 Kilometern links halten — bei einem kleinen Tümpel rechts — es geht um einen Felsen herum und nun noch ca. 500 Meter auf dem holprigen Weg — an der T-Kreuzung rechts und aus dem Wald hinaus — auf Pflaster kommen Sie nach Berus — auf dem **Kaltbornweg** in den Ort.

Berus

PLZ: D-66802; Vorwahl: 06836

- **Tourist-Info Überherrn**, Rathausstr. 101, ✆ 909122
- **Torhaus Schloss**. Das Torhaus ist der einzige Teil, der nach dem Abriss des Schlosses (1809) erhalten geblieben ist. Im Torbogen kann man eingemeißelte Steinblumen und 12 Steinmetzzeichen erkennen. Die Zeichen stammen von den 6 Gesellen, die beim Bau mitgeholfen haben.
- **St. Oranna-Kapelle**. Es handelt sich um die ehem. Pfarrkirche des Ortes Eschweiler, die im 14. Jh. zerstört wurde. Die Glasfenster zeigen Lebensstationen der Hl. Oranna. Das Ölgemälde am Eingang erinnert an das Grubenunglück in Luisenthal. 1962 kamen dabei 299 Bergleute ums Leben.
- **Pfarrkirche St. Martin**. Die Kirche enthält spätbarocke Kunstwerke, die vor allem von der Familie Guldner stammen. Peter, Joes, Adam, Christian und Georg Guldner sind im Saar-Mosel-Raum vielen Menschen ein Begriff.
- **Torhaus Scharfeneck**. Das ehemalige Eingangstor der Stadtmauer ist im Stil der Renaissance gehalten. Das Isenburger Wappen und zwei Portraits der verstorbenen Ehemänner der Gräfin Anna von Isenburg sind am Torbogen verewigt. Im Torhaus finden Ausstellungen, Konzerte oder private Feiern statt.
- **Europadenkmal**. Das Freundschaftsdenkmal von Deutschland und Frankreich erinnert an wichtige europäische Staatsmänner.
- **Phillips-Haus**. Das Bannhaus ist mit einer Höhe von 11 Metern das höchste Gebäude von Berus. Früher diente es als Herrschafts- und Gerichtsgebäude. Am Giebelansatz befindet sich der Meisterstein des Baumeisters Lux.

Berus liegt auf einem Bergvorsprung über der Gemeinde Überherrn und gilt übrigens als sonnenreichster Ort Deutschlands. „Bellus Ramus" wurde der Ort früher einmal genannt. Dies bedeutet soviel wie schöner Zweig oder schöne Bergnase. 1235 wurde Berus von lothringischen Herzögen errichtet. Schon damals besaß der Ort das Stadtrecht und seine eigene Gerichtsbarkeit. Unter der Herrschaft von Gräfin Anna von Isenburg erlebte die Stadt im 16. Jahrhundert eine wahre Blütezeit. Die Gräfin ließ viele zerstörte Bauwerke wieder errichten.

Durch die Belagerung der Franzosen und Schweden verlor Berus an Bedeutung. Trotzdem sind noch einige Sehenswürdigkeiten erhalten geblieben, wie die Sankt Oranna Kapelle. Die heilige Oranna ist die Schutzheilige des Saargaus und des benachbarten Lothringens. Ihre Gebeine liegen in der Kapelle. Seit dem Mittelalter pilgern Gläubige am Sonntag nach Kreuzerhöhung (dritter Sonntag im September) nach Berus. Das Brunnenwasser vor der Kapelle soll Kopf- und Ohrenleiden mildern. Auch einsame Frauen wendeten sich an die Heilige Oranna: „Sankt Orann, schenk mer en Mann" haben sie früher hier gebetet. Vielleicht tun sie es auch heute noch.

Das Europadenkmal Berus ist in den Jahren 1966-70 entstanden. Dort wo heute das Denkmal steht, ragte früher der Hindenburgturm in die Höhe. Der Turm sollte Stärke gegenüber Frankreich demonstrieren. Durch das Europadenkmal wollte man die heutige Freundschaft zwischen Deutschland und Frankreich zum Ausdruck bringen. Die zwei Pylone (Türme) stellen die Nationen dar. Die Plattform, die sich am unteren Teil befindet, soll die gemeinsame Geschichte symbolisieren. Die Eisenstäbe in der Höhe lassen die freundschaftlichen Beziehungen zwischen Frankreich und Deutschland erkennen.

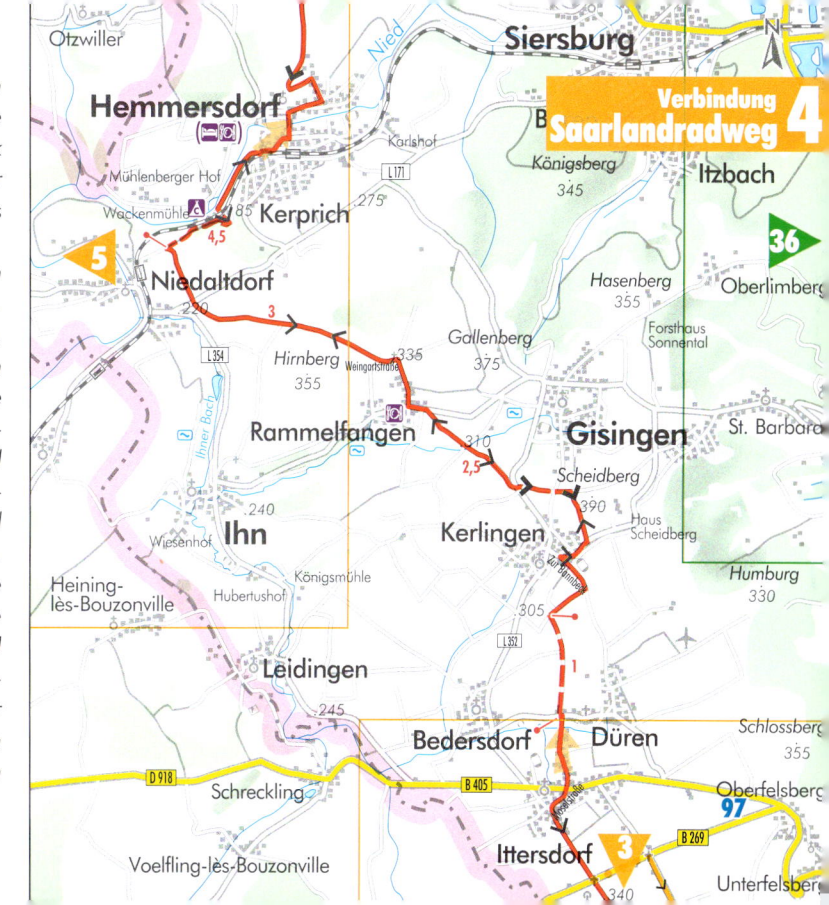

Verbindung Saarlandradweg 4

Verbindung Saarlandradweg 5

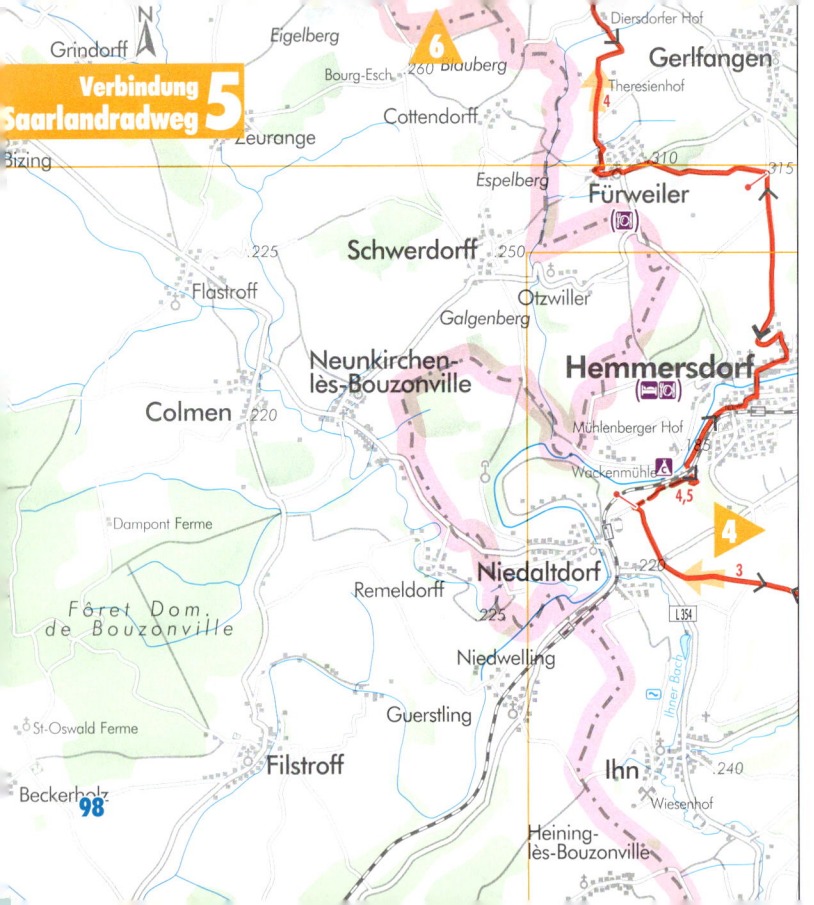

An der ersten Kreuzung links bergauf — am Restaurant Linsenhübel vorbei — auf einer Allee aus Berus hinaus — bergab und in einer Rechtskurve um die liebliche St. Oranna-Kapelle herum und rechts halten — an der folgenden Kreuzung ganz links und bergauf — auf diesem holprigen Weg sehen Sie zur Rechten die Sendestation Europa I — Links-Rechts-Kombination und weiter auf Asphalt vorbei an den beiden riesigen Sendern zur Linken — an der B 269 geradeaus nach Ittersdorf.

Ittersdorf
Dem Verlauf der **Moselstraße** folgen — an der B 405 geradeaus bergab durch **Düren** hindurch — an der Vorfahrtsstraße links versetzt geradeaus weiter — ein holpriger Kiesweg für einen Kilometer — an der Kreuzung rechts halten — an der folgenden links auf den Betonplattenweg **Zur Bannbeck** — an der Vorfahrtsstraße in Kerlingen rechts.

Kerlingen

Es geht leicht bergauf ▸ außerhalb des Ortes links leicht bergauf ▸ nach ca. 500 Metern links und stark bergab auf dem Kiesweg ▸ geradeaus über die L 152 ▸ Rechtskurve und nun leicht bergab an dem Drahtzaun entlang ▸ links halten über die Brücke mit dem orangefarbenen Geländer ▸ danach bergauf auf der Allee ▸ an der Vorfahrtsstraße links nach Rammelfangen.

Rammelfangen

Im Ort von der Vorfahrtsstraße rechts abbiegen ▸ bis zum Wegkreuz ▸ dort links und bergauf auf 303 Höhenmeter ▸ danach auf dem holprigen Weg bergab ▸ geradeaus über die Vorfahrtsstraße ▸ auf dem Asphaltweg weiter ▸ in der Linkskurve rechts auf den unbefestigten Weg ▸ beim **Haus Florian** wieder Asphalt und bergab in einem Linksbogen ▸ unter der Bahn hindurch und danach im Rechtsbogen vorbei am Gasthaus **Zur Wackenmühle** ▸ an der Bahn entlang, leicht bergauf nach Hemmersdorf.

Hemmersdorf

- **Schloss Hemmersdorf.** Teile des Schlosses wurden zwischen 1810 und 1816 verkauft. Dadurch ging das Gesamtbild des Schlosses ein wenig verloren. Das Portal des Schlosses wurde in seiner ursprünglichen Form restauriert.
- **Lothringerhäuser.** Die Gebäude sind noch im traditionellen Baustil der Bauern erhalten.

An der Kirche vorbei und danach links ▸ über die Nied und danach rechts auf die **Siersburger Straße** ▸ die nächste Straße links und nach weiteren 150 Metern wieder links ▸ im starken Rechtsbogen kurz bergab ▸ nun geht es stetig bergauf ▸ beim **Hummlerhof**

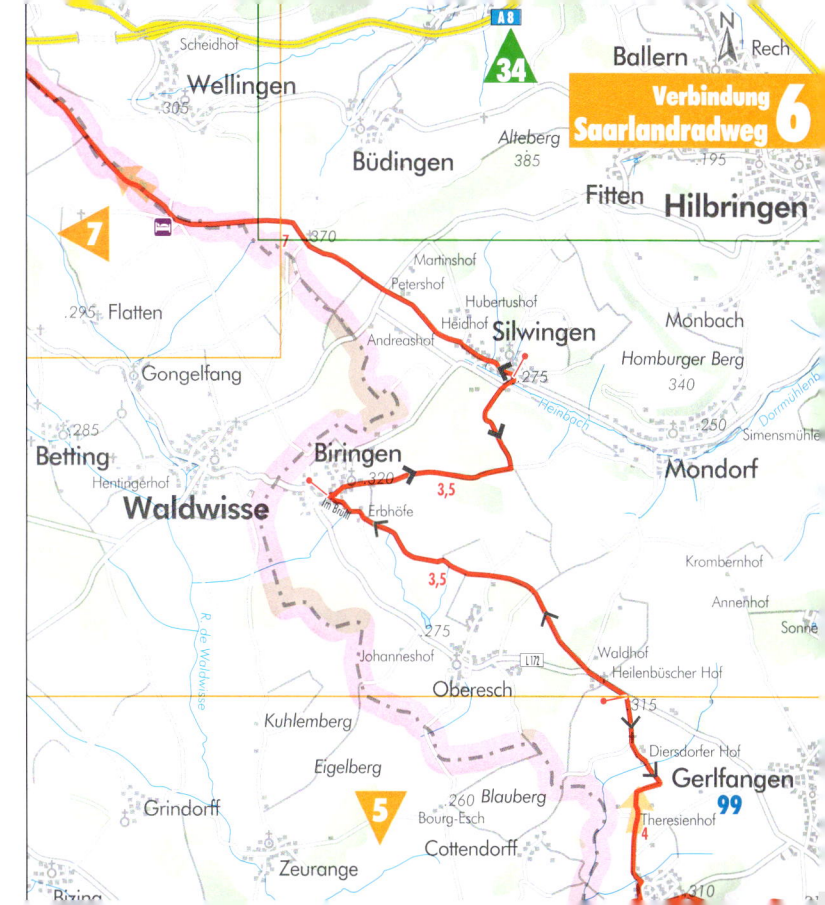

links auf den Betonplattenweg und am Waldrand entlang – nach ca. 1,5 Kilometern an der Vorfahrtsstraße links nach Fürweiler.

Fürweiler

Bei der Kirche rechts einbiegen – auf der Kreuzstraße im Rechtsbogen – an der folgenden Kreuzung links – in einer Linkskurve aus Fürweiler hinaus – geradeaus an einem Hof vorbei – Rechtskurve und kurz darauf ein Linksknick – danach geht es bergab.
Durch den **Diersdorfer Hof** hindurch – weiterhin bergab bis an die Vorfahrtsstraße – hier links – in der Linkskurve der Straße geradeaus weiter – bergauf am Waldrand entlang – immer dem Verlauf des idyllischen Weges durch die Felder folgen – bergauf auf einer Allee zwischen den **Erbhöfen** hindurch und danach rechts halten – auf die Straße **Im Brühl** – nach Biringen.

Biringen

Von Biringen nach Perl   **24,5 km**

An der Querstraße rechts – weiterhin rechts halten, an der Kirche vorbei und bergauf durch ein kurzes Waldstück – am höchsten Punkt der Anhöhe links abbiegen – stark bergab an den Viehweiden entlang – im Rechtsbogen nach Silwingen – über den Heinbach.

Silwingen

An der Vorfahrtsstraße rechts – gleich wieder links stark bergauf – an der Ortsdurchfahrtsstraße links und durch den Ort – an der folgenden Kreuzung geradeaus – leicht bergauf aus Silwingen hinaus – an der Vorfahrtsstraße geradeaus weiter – nun am Waldrand entlang – immer geradeaus – an der Vorfahrtsstraße rechts – danach am Parkplatz vorbei – kurz darauf links halten auf den Asphaltweg.

Tipp: Auf Ihrem Weg begegnen Ihnen nun sonderbar anmutende Steine. es handelt sich dabei um „Les menhirs de l'Europe"(Steine an der Grenze), die den Wegrand zieren.

Steine an der Grenze

Die Steine an der Grenze wurden von mehreren Künstlern in den Jahren 1986-92 erschafffen. Sie befinden sich entlang der deutsch-französischen Grenze – eine Landschaft, die „Weitblick" bietet. Die Idee zu diesem Projekt stammt vom Bildhauer Paul Schneider, der übrigens auch einen „Stein an der Grenze" gefertigt hat, die „Granitpyramide". Die anderen Bildhauer stammen unter anderem aus Frankreich, Deutschland, Österreich, Holland, China und aus der Schweiz – eine Völkerverständigung der künstlerischen Art.

Nach ca 3 Kilometern nähern Sie sich der Autobahn – Linkskurve und an der Autobahn

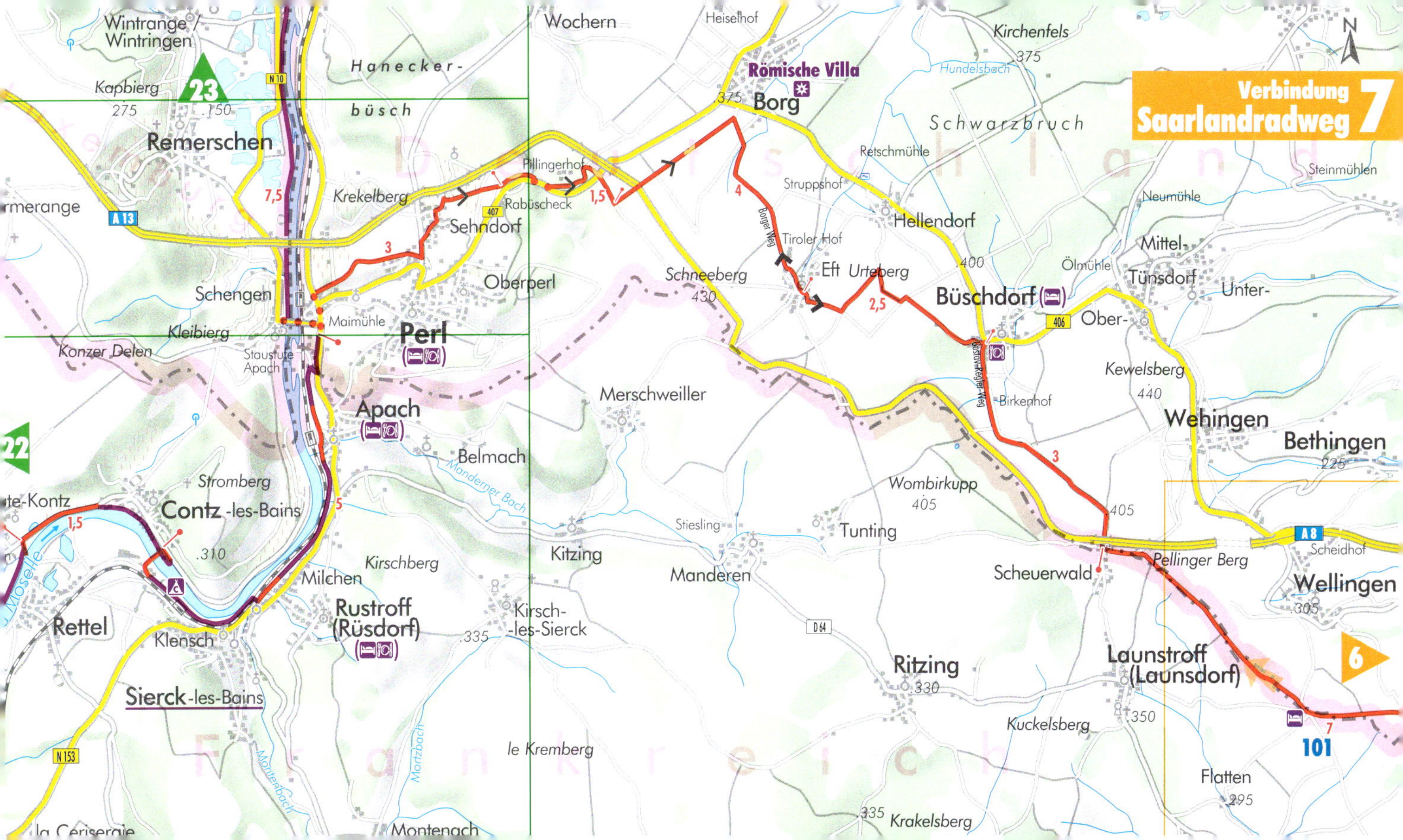

Verbindung Saarlandradweg 7
Wintrange / Wintringen
Kapbierg
275
23
.150
N 10
Hanecker-
büsch
Remerschen
rmerange
A 13
7,5
Krekelberg
Pillingerhof
Rabüscheck
407
Sehndorf
1,5
3
Schengen
Oberperl
Maimühle
Perl
Kleibierg
Konzer Delen
Staustufe Apach
Apach
Belmach
Manderner Bach
22
Stromberg
Contz-les-Bains
1,5
.310
5
Kirschberg
Milchen
Rustroff (Rüsdorf)
Rettel
Klensch
.335
Kirsch-les-Sierck
Sierck-les-Bains
N 153
Montenbach
Mortzbach
le Kremberg
la Ceriseraie
Montenach
Wochern
Heiselhof
Römische Villa
375
Borg
4
Borger Weg
Struppshof
Tiroler Hof
Eft
Urteberg
Schneeberg
430
2,5
Merschweiller
Kitzing
Stiesling
Manderen
Tunting
Wombirkupp
405
D 64
Ritzing
.330
Krakelsberg
335
Kirchenfels
375
Hundelsbach
Schwarzbruch
Retschmühle
Hellendorf
.400
Büschdorf
406
Ober-
Gustav-Regler-Weg
Birkenhof
3
405
Scheuerwald
Pellinger Berg
Launstroff (Launsdorf)
.350
Kuckelsberg
Flatten
295
Steinmühlen
Neumühle
Mittel-
Ölmühle
Tünsdorf
Unter-
Kewelsberg
440
Wehingen
Bethingen
.225
A 8
Scheidhof
Wellingen
.305
6
7
101

Römische Villa in Borg

entlang — bei Scheuerwald rechts unter der A 8 hindurch — dem Wegverlauf folgen — in einem Rechtsbogen am Birkenhof vorbei auf den **Gustav-Regler-Weg** — vorbei am Gasthof Auf der Heide in Büschdorf.

Büschdorf
Kurz vor der Kreuzung mit der B 406 im rechten Winkel links abbiegen — am Waldrand entlang — vorbei am Forsthaus — an der folgenden Kreuzung geradeaus weiter auf Asphalt — nach ca. 500 Metern links abbiegen und an der folgenden Viererkreuzung rechts — stark bergab — der Weg wird schmäler und endet an einer Querstraße in Eft — hier rechts.

Eft
Bei der Kirche links und durch den Ort — auf dem ansteigenden **Borger Weg** Eft verlassen — es geht direkt auf Borg zu — an den beiden folgenden Gabelungen links — bis fast an die Bundesstraße — an der Kreuzung mit dem Asphaltweg links.

Tipp: Borg erreichen Sie, indem Sie hier rechts fahren und die B 406 überqueren.

Borg
PLZ: D-66706; Vorwahl: 06865

✠ **Römische Villa Borg**, ✆ 06865/9117-0, ca. 5 Kilometer östlich von Perl, ÖZ: April-Okt., Di-So/Fei 11-18 Uhr; Nov.-März, Di-So/Fei 11-16 Uhr; die Taverne hat andere ÖZ (bitte telefonisch erfragen ✆ 06865/9117-12). Die Ausgrabungen einer römischen Villa finden unter Einschluss der Öffentlichkeit statt, das heißt, Sie können bei den Arbeiten zusehen und sogar selbst mitmachen. Zwischenzeitlich wurde auch das Badehaus mit Villenbad und Taverne, sowie der Haupttrakt rekonstruiert. Der Wirtschaftstrakt wurde ebenfalls wieder aufgebaut. In der Taverne werden römische Speisen angeboten.

In der Nähe von Borg fand man die Reste der größten römischen Villenanlagen des Saar-Mosel-Raumes. Nach wissenschaftlichen Überlegungen kam man zu dem Ergebnis, die Anlage zu rekonstruieren und für die Öffentlichkeit zugängig zu machen. Man kann das Villenbad, das Museum und die römischen Gärten besichtigen. Das antike Badewesen war für die Leute am Land genauso wichtig wie für die Städter. Das Baden zählte für die Römer zum Tagesgeschehen. Hier konnte entspannt, aber auch kommuniziert werden. Geschäftsfreunde wurden zum Baden genauso eingeladen wie Bekannte oder Verwandte.

Geheizt wurde das Villenbad mit dem Hypokaust. Der Nachbau dieser römischen Fußbodenheizung kann besichtigt werden. In der angeschlossenen Taverne können römische Gerichte wie zum Beispiel „Mulsum" probiert werden. Das Herrenhaus galt als Zentrum des Gebäudekomplexes. Durch Mosaike und Marmor spürt man einen Hauch von Luxus. Heute ist in den Räumen ein Regionalmuseum untergebracht. Ausgestellt werden Exponate aus dem gesamten Kreisgebiet.

Geradeaus auf dem Asphaltweg Richtung Autobahn — auf einer Brücke über die Autobahn — an der T-Kreuzung rechts — über die Bundesstraße 407 — in einem Linksbogen bergab — am **Naturdenkmal Pillingerhof** vorbei — an der **B 407** rechts — nach 150 Metern rechts einbiegen — neben der Bundesstraße weiter — an der folgenden Kreuzung rechts — geradeaus über die Querstraße — durch die Weingärten — an der Gabelung links in den Ort — weiter links an alten Häusern vorbei — an der Pflasterstraße rechts und geradeaus auf der **Marienstraße** durch den Ort.

Sehndorf
An der Vorfahrtsstraße links und noch vor der Bundesstraße rechts einbiegen — durch die Weingärten — Perl liegt zur Linken.

Perl
PLZ: D-66706; Vorwahl: 06867

- Gemeindeverwaltung, Touristinformation „Schengener Eck", Trierer Str. 28, ✆ 66-0
- Römisches Mosaik Nennig, ✆ 06866/1329, ÖZ: 15. Feb.-März, 9-12 Uhr u. 13-16 Uhr; April-Sept., 8.30-12 Uhr u. 13-18 Uhr; Okt.-Nov., 9-12 Uhr u. 13-16.30 Uhr.

Tipp: Die Textbeschreibung für die anschließende Route Richtung Luxemburg finden Sie ab Seite 46.

Sie haben nun das Ende Ihrer Radreise erreicht. Wir hoffen, Sie hatten einen erlebnisreichen und interessanten Radurlaub und freuen uns, dass Sie ein *bikeline*-Radtourenbuch als Begleiter gewählt haben.

Das gesamte *bikeline*-Team wünscht Ihnen eine gute Heimreise!

Bringt Fahrradfans auf Touren.

Entkommen Sie dem Alltag – mit TREKKINGBIKE – dem modernen Fahrradmagazin.

TREKKINGBIKE – das moderne Magazin für alle Trekkingbiker – bringt **6 x im Jahr** alles, was Lust aufs Radfahren macht: die besten Reise- und Tourentipps, kompetente Kaufberatungen, ausführliche Testberichte sowie faszinierende Fotoreportagen.

Kostenloses Probeheft unter:
0049 (0) 521-55 99 22

Trekkingbike
Das moderne Fahrradmagazin

Übernachtungsverzeichnis

Dieses Verzeichnis beinhaltet folgende Übernachtungskategorien:

- H Hotel
- Hg Hotel garni
- Gh Gasthof, Gasthaus
- P Pension, Gästehaus
- Pz Privatzimmer
- BB Bed and Breakfast
- Fw Ferienwohnung (Auswahl)
- Bh Bauernhof

Bett & Bike

Alle mit dem Bett & Bike-Logo gekennzeichneten Betriebe erfüllen die vom ADFC vorgeschriebenen Mindestkriterien als „Fahrradfreundliche Gastbetriebe" und bieten darüber hinaus so manche Annehmlichkeit für Radfahrer. Detaillierte Informationen finden Sie unter www.bettundbike.de.

ADFC Allgemeiner Deutscher Fahrrad-Club

- Hh Heuhotel
- Jugendherberge, -gästehaus
- Campingplatz
- Zeltplatz (Naturlagerplatz)

Die Auflistung erhebt keinen Anspruch auf Vollständigkeit und stellt keine Empfehlung der einzelnen Betriebe dar.

Die römische Zahl (I-VII) nach der Telefonnummer gibt die Preisgruppe des betreffenden Betriebes an. Wir möchten Sie jedoch darauf hinweisen, dass die angegebenen Preiskategorien dem Stand des Erhebungs- bzw. Überarbeitungszeitraumes entsprechen und sich von den tatsächlichen Preisen unterscheiden können.

Folgende Unterteilung liegt der Zuordnung zugrunde:

- I   unter € 15,–
- II   € 15,– bis € 23,–
- III € 23,– bis € 30,–
- IV   € 30,– bis € 35,–
- V   € 35,– bis € 50,–
- VI   € 50,– bis € 70,–
- VII über € 70,–

Die Preisgruppen beziehen sich auf den Preis pro Person in einem Doppelzimmer mit Dusche oder Bad inkl. Frühstück. Übernachtungsbetriebe mit Zimmern ohne Bad oder Dusche, aber mit Etagenbad, sind durch das Symbol nach der Preisgruppe gekennzeichnet.

Da wir das Verzeichnis stets aktuell halten möchten, sind wir für Mitteilungen bezüglich Änderungen jeder Art dankbar. Der einfache Eintrag erfolgt für die Betriebe natürlich kostenfrei.

Saarbrücken

PLZ: D-66111 - 66130; Vorwahl: 0681

Touristinformation, Reichsstr. 1, ✆ 938090

H Am Triller, 66117, Trillerweg 57, ✆ 58000-0, VII
H La Résidence, 66111, Faktoreistrasse 2, ✆ 38820, VI-VII
H Mercure Kongress, 66111, Hafenstrasse 8, ✆ 38900, VI
H Best Western Victor's Residenz Rodenhof, 66113, Kálmánstrasse 47-51, ✆ 41020, VII
H Ibis Saarbrücken City, 66117, Hohenzollernstrasse 41, ✆ 99570, V
H Kaiserhof, 66121, Mainzer Str. 78, ✆ 687060, V
H Bruchwiese, 66111, Preussenstrasse 68, ✆ 960210, V
H Crystal, 66117, Gersweilerstrasse 39, ✆ 58890, V-VI
H Domicil Leidinger, 66111, Mainzer Strasse 10-12, ✆ 93270, V-VI
H Schlosskrug, 66111, Schmollerstrasse 14, ✆ 36735, III-IV
H Gästehaus Weller, 66123, Neugrabenweg 8, ✆ 371903, III
Hg Atlantic, 66111, Ursulinenstrasse 59, ✆ 379210, IV-V
Hg City, 66111, Richard-Wagner-Strasse 67, ✆ 34088, IV-V
Hg Continental Saarbrücken, 66111, Dudweilerstrasse 35, ✆ 379890, IV-V

Hg Madeleine, 66111, Cecilienstrasse 5, ✆ 32228, IV-V 🛏
Hg Meran, 66121, Mainzer Strasse 69, ✆ 65381, V
Hg Römerhof, 66121, Am Kieselhumes 4, ✆ 968780, IV-V
Hg Stadt Hamburg, 66111, Bahnhofstrasse 71-73, ✆ 3799890, IV-V 🛏
Pz Grünvalszky, Mainzer Str. 171, ✆ 6852020, III
Pz Gästehaus Marlene, 66130, Saargemünder Str. 102, ✆ 872527 🛏
🏠 Jugendherberge, 66123, Meerwieseltalweg 31, ✆ 33040 🛏
⛺ Campingplatz Saarbrücken, 66119, Spicherer Weg 10, ✆ 51780
⛺ Campingplatz Kanu Wanderer Saabrücken e.V., Mettlacherstrasse 13, 66115, ✆ 792921

Hambach
PLZ: D-57910
H Hostellerie Saint Hubert, rue de la Forêt, ✆ 983955, IV-V

Kleinblittersdorf
PLZ: D-66271; Vorwahl: 06805
H Am Markt, Auf dem Hassel 1, Sittersald, ✆ 4412, IV 🛏
Hg Hotel zum Dom, Elsässer Str. 51, ✆ 91180, III-V

Sarreguemines
PLZ: F-57200; Vorwahl: 0387
ℹ Touristinformation, 11 rue du Maire Massing,

✆ 988081
H Balladins, Route de Bitche, ✆ 953435
H Amadeus, 7 avenue de la Gare, ✆ 985546, III
H Saint Walfrid, 58 rue des Grosbliederstroff, ✆ 984375, V-VI
H Aux deux Etoiles, 4 rue des Généraux Crémer, ✆ 984632, III
H Union, 28 rue Alexandre de Geiger, ✆ 952842, III
H Relais Routiers, 19 rue du Bac, ✆ 981539, I

Mittersheim
PLZ: D-57930; Vorwahl: 0387
H L'Escale, 33 Route de Dieuze, ✆ 076701

Rhodes
PLZ: F-57810; Vorwahl: 0387
ℹ Syndicat d'Initiative, ✆ 039400
⛺ Camping Municipal, Rue de l'Etang, ✆ 039400
⛺ Camping Parc Residentiel Val de Rhodes, Rue des Comtes de Rhodes 1, ✆ 257166

Vic-sur-Seille
PLZ: F-57630; Vorwahl: 0387
ℹ Office de Tourisme, ✆ 011626

PLZ: 57170
⛺ Camping la Tuilerie, Base de Loisirs de la Tuilerie, ✆ 011900

Chateau Salin
H Au bon accueil, 2, rue de la verrerie, ✆ 0387/051142

Delme
PLZ: F-57590; Vorwahl: 0387
H A la XIleme Borne, Place de la République 6, ✆ 013018, III-IV
H Auberge de Delme, Rue de Général Nassoy 56, ✆ 013333, II-III

Féy
PLZ: F-57420; Vorwahl: 0387
H Les Tuileries, Route de Cuvry, ✆ 520303

Metz
PLZ: F-57000; Vorwahlh: 0387
ℹ Office du Tourisme de Metz, Place d'Armes, ✆ 555376
H Holiday Inn Metz Technopole, Rue Félix Savart 1, ✆ 399450, VI
H Bleu Marine, 23 avenue Foch, ✆ 668111, V
H de la Cathédrale, 25 rue de Chambre, ✆ 750002, VI
H Mercure, 29 place St. Thiébault, ✆ 385050, VII
H Novotel, Centre St. Jacques, ✆ 373839, V
H du Théâtre, 3 rue du Pont St. Marcel, ✆ 311010, VII
H Campanile, 2 Boulevard de la Solidarité, ✆ 751311, IV-V
H Kyriad, 8 rue du Père Potot, ✆ 365556, III
H Escurial, 18 rue Pasteur, ✆ 387664096, IV-V
H Bristol, 7 rue Lafayette, ✆ 667422, III
H Cécil, 14 rue Pasteur, ✆ 666613, III

H du Centre, 14 rue Dupont des Loges, ✆ 360693, III
H Foch, 8 avenue Foch, ✆ 744075, IV-V
H de la Gare, 20 rue Gambetta, ✆ 667403, III
H Ibis Cathédrale, 47 rue Chambière, ✆ 310173, III
H Ibis Metz, 3bis rue Vauban, ✆ 219090, III
H Métropole, 5 place du Général de Gaulle, ✆ 662622, III
H Grand Hotel Metz Gare, 3 rue des Clercs, ✆ 361633, V
H Moderne, 1 rue Lafayette, ✆ 665733, III
H du Nord, route de Thionville, ✆ 325329, III
H Best Hotel, 3 rue Pierre Boileau, ✆ 331956, II
H La Pergola, 13, route de Plappeville, ✆ 325294
H Formule 1, ✆ 9 rue Périgot, ✆ 0891/705317
H Formule 1, 13, rue des Selliers, ✆ 0891/705314
H Campanile Metz Centre Gare, 3, Place du Général de Gaulle, ✆ 0388/764357, IV
🏠 Auberge de la Jeunesse de Metz, 1 allée de Metz-Plage-Pontiffroy, ✆ 304402
🏠 Auberge de Jeunesse Carrefour, 6 rue Marchant, ✆ 750726
⛺ Metz-Plage, ✆ 0387/682648 o. 0387/682636

Homburg-Budange
PLZ: 66425; Vorwahl: 06841
H Bubi's Raststättte, Berliner Str. 122 a, ✆ 5173, III
H Bürgerhof, Eisenbahnstr. 60, ✆ 934730, V

105

H Einöder Hof, Webenheimer Str.1, ✆ 70070, III
H Emilienruhe, Emilienruhe 1, ✆ 5393, III
H Landhaus Rabenhorst, Rabenhorst, ✆ 93300, VI-VII
H Landhaus Rohth, Steinbachstr. 92, ✆ 70000, III-IV
H Rubke, Dürerstr. 164, ✆ 97050, V
H Schlossberg-Hotel, Schlossberghöhenstr. 1, ✆ 6660, VI
H Schweizerstuben, Kaiserstr. 70-74, ✆ 92400, VI-VII
H Stadt Homburg, Ringstr. 8, ✆ 1331, VI
H Neue Heimat, Cramachstr. 28, ✆ 73329, II
Hg Haus Birkenhof, An den Birken 23, ✆ 5173, III
Hg Brünnler, Hauptstr. 8, ✆ 70050, III
Hg Euler, Talstr. 40, ✆ 93330, V
Gh Krombach, Kirchenstr. 3, ✆ 2686379, V
Gh Petit Château, Alte Rechsstr. 4, ✆ 15371, IV
🏠 Jugendherberge, Am Mühlgraben 30, ✆ 3679

Kédange-sur-Canner
PLZ: 57290; Vorwohl: 0382
H De la Canner, Rue principale 4. ✆ 830025, III

Thionville
PLZ: F-57100; Vorwahl: 0382
H L'Horizon, 50 route du Crève-Coeur, ✆ 885365, VI
H Des Amis, Avenue de Berthier, ✆ 532218
H Du Parc, Place de la Republique, ✆ 828080, III-IV
H des Oliviers, Rue du Four Banal, ✆ 537037

H Best Western Saint Hubert, Rue Georges Ditsch 2, ✆ 518422, IV-V
H Kyriad, Boulevard Maréchal Foch 69, ✆ 542827, IV-V
H Le Sirius, Avenue Comte de Bertier 63, ✆ 048484, II-III
H Top Hotel, Boucle du Val Marie 12, ✆ 825770, II
H Bar Le Progress, Rue Jemmapes 18, ✆ 535145, II
⛺ Camping Municipal, Rue du Parc 6, ✆ 538375
🏠 Auberge de Jeunesse Thionville, 3, place de la Gare, ✆ 563214

Koenigsmacker
PLZ: F-57970; Vorwahl: 0382
H La Lorraine, 1, rue de L'Eglise, ✆ 503350, VI

Sierck-les-Bains
PLZ: F-57480
ℹ Office de Tourisme, Rue du Château, ✆ 837414
Pz Weber, Rue de la Gare 4, ✆ 828744
Pz Magdalena, Rue de la Gare 18 ✆ 836640

Remich
PLZ: L-5501; Vorwohl: 00352
ℹ Tourist-Information, Esplanade (Busbahnhof), ✆ 368488, ÖZ: Juli, Aug. tägl. 10-17 Uhr.
H Domaine de la Forêt, route de l'Europe 36, ✆ 23699999
H Saint-Nicolas, Esplanade 31, ✆ 26663, VI
H des Vignes, rue de Mondorf 29, ✆ 23699149, V-VI
H Beau-Séjour, Quai de la Moselle 30, ✆ 23698126
H de l'Esplanade, Esplanade 5, ✆ 23669171, V-VI
P Auberge-Restaurant des Cygnes, Esplanade 11, ✆ 23698852

Alzingen
PLZ: L-5815
⛺ Camping Bon Accueil, Rue du Camping 2, ✆ 367069

Luxemburg-Stadt
Vorwahl: 00352
ℹ Luxemburg City Tourist Office, Place d'Armes, ✆ 222809

PLZ: 2632
H Air-Field, Route de Trèves 6, ✆ 431934, IV
H Etap Hotel, Route de Trèves, ✆ 42261310, III-IV

PLZ: 1117
H Albert Premier, Rue Albert Premier 2 A, ✆ 4424421, VI

PLZ: 1453
H Alvisse Parc Hotel, Route d'Echternach, ✆ 4356430, VI-VII
H Hostellerie du Grunewald, Route d'Echternach 10 – 16, ✆ 431882

PLZ: 2610
H Chez Anna et Jean, Route de Thionville, ✆ 482169, III

PLZ: 1931
H Hotel de L'Avenue, Avenue de la Liberté 43, ✆ 406812, III-V

PLZ: 2230
H Belappart, Rue du Fort Neipperg, ✆ 2684691, V-VI
H Marco Polo, Rue de Fort Neipperg 27, ✆ 4064141, III

PLZ: 2560
H Bella Napoli, Rue de Strasbourg 4, ✆ 493367 o. 484629, II

PLZ: 1016
H Best Western Hotel International, Place de la Gare, ✆ 485911, VI

PLZ: 2561
H Bristol, Rue de Strasbourg, ✆ 485829 o. 485830, IV-V

PLZ: 2633
H Campanile, Route de Trèves 22, ✆ 349595, III-V

PLZ: 1027
H Carlton, Rue de Strasbourg 9, ✆ 299660, VI

PLZ: 1648
H Casanova, Place Guillaume 10, ✆ 220493, VI

PLZ: 1930
H Golden Tulip Central Molitor, Avenue de la Liberté 28, ✆ 489911, VI

PLZ: 2320
H Le Châtelet, Boulevard de la Pétrusse, ✆ 402101, V-

VI-VII

PLZ: 1130
H Christophe Colomb, Rue d'Anvers 10, ✆ 4084141, V-VI
H Des Ducs, Rue d'Anvers 12, ✆ 490161, V-VI
H Italia, Rue d'Anvers 15 — 17, ✆ 4866261, V

PLZ: 1021
H City Hotel, Rue de Strasbourg 1, ✆ 291122, VI-VII

PLZ: 2450
H Grand Hotel Cravat Luxembourg, Boulevard Roosevelt 29, ✆ 221975, VI

PLZ: 1521
H Delta, Rue Adolphe Fischer 74 — 80, ✆ 4930961, VI

PLZ: 2163
H Domus, Avenue Monterey 37, ✆ 4678781, VII

PLZ: 2340
H Empire, Place de la Gare 34, ✆ 485252, VI

PLZ: 1470
H Brasserie Fort-Reinsheim, Route d'Esch 41, ✆ 4441361, V

PLZ: 1136
H Francais, Place d'Armes 14, ✆ 474534, VI

PLZ: 1013
H Hilton Luxembourg, Rue de Jean Engling 12, ✆ 43781, VI

PLZ: 1022
H Ibis Luxembourg Aeroport, Route de Trèves, ✆ 438801, IV-V

PLZ: 1367
H Les Jardins du President, Place Sainte-Cunégonde 2, ✆ 2609071, VI

PLZ: 1923
H Studio-Hotel Le Lavandin, Rue de la Lavande 23, ✆ 439519, V-VI

PLZ: 1616
H Mercure Grand Hotel Alfa, Place de la Gare 16, ✆ 4900111, VI
H President, Place de la Gare, ✆ 4861611, VI
H Walsheim, Place de la Gare 28, ✆ 484798, V

PLZ: 1839
H Mercure Luxembourg Centre Gare, Rue Joseph Junck 30, ✆ 492496, V
H Zurich, Rue Joseph Junck 36, ✆ 491350, III-IV

PLZ: 1611
H Nobilis, Avenue de la Gare 47, ✆ 494971, VI

PLZ: 2015
H Novotel Luxembourg, Quartier Européen Nord-Kirchberg, ✆ 4298481, VI
H Sofitel Luxembourg, Quartier Européen Nord-Kirchberg, ✆ 437761, VI

PLZ: 2536
H Parc Beaux Arts, Rue Sigefroi 1, ✆ 4423231, VI

PLZ: 2551
H Parc Belair, Avenue du X Septembre 111, ✆ 4423231, VI

PLZ: 2132
H Parc Belle-Vue, Avenue Marie-Thérèse 5, ✆ 4561411, VI
H Parc Plaza, Avenue Marie-Thérèse 5, ✆ 4561411, VI

PLZ: 2611
H Pax, Route de Thionville 121, ✆ 4825631, III

PLZ: 2221
H Ponte Vecchio, Rue de Neudorf 271, ✆ 4237201, VI

PLZ: 2449
H Rix, Boulevard Royal 20, ✆ 461666, VI
H Le Royal, Boulevard Royal 12, ✆ 2416161, VI

PLZ: 2240
H Schintgen, Rue de Notre-Dame 6, ✆ 222840, V

PLZ: 2534
H Sieweburen, Rue de Septfontaines 36, ✆ 442356, VI

PLZ: 2261
🛏 Jugendherberge Luxembourg, Rue du Fort Olisy 2, ✆ 226889

Gonderange
PLZ: L-6182
H Euro Hotel, Route de Luxembourg 11, ✆ 788551

Consdorf
PLZ: L-6211
ℹ Syndicat d'Initiative et de Tourisme, Huelewee 32, ✆ 790271
H Moulin de Consdorf, Rue de Moulin 2, ✆ 26784770, IV-V
▲ Camping La Pinède, Rue Burgkapp 33, ✆ 790271

Bech
PLZ: L-6230
ℹ Syndicat d'Initiative et de Tourisme, Route de Consdorf 28, ✆ 790540
▲ Buchholz, Route de Consdorf 28, ✆ 790540

Echternach
Vorwahl: 00352
ℹ Fremdenverkehrsvereinigung Müllerthal, Parvis de la Basilique, ✆ 720457

PLZ: 6440
H Aigle Noir, Rue de la Gare 54, ✆ 720383, III
H Le Pavillon, Rue de la Gare 2, ✆ 729809, V

PLZ: 6401
H Hotel des Ardennes, Rue de la Gare 38, ✆ 720108, V
H Grand Hotel, Route de Diekirch 27, ✆ 729672, VI-VII
H De la Sûre, Rue de la Gare 49, ✆ 729440 o. 729414, V

PLZ: 6460

H Hostellerie de la Basilique, Place du Marché 78, ℂ 729483, V-VI

H Hotel du Commerce, Place du Marché 16, ℂ 720301, V

H Le petit Poète, Place du Marché 13, ℂ 7200721, III

H St-Hubert, Rue de la Gare 21, ℂ 720306, V

PLZ: 6409

H Bel Air, Route de Berdorf 1, ℂ 729383, VI-VII

PLZ: 6474

H Eden au Lac, Oam Nonnesees, ℂ 728283, VI-VII

PLZ: 6402

H Auberge le Postillion, Rue de Luxembourg 7, ℂ 720188, V

PLZ: 6430

H Welcome, Route de Diekirch 9, ℂ 720354 o. 728473, IV-V

△ Camping Alferweiher, Alferweiher 1, ℂ 720271,

△ Camping Officiel, Route de Diekirch 5, ℂ 720230

PLZ: 6450

H Universel, Route de Luxembourg 40, ℂ 720306

PLZ: 6479

ⓗ Jugendherberge Echternach, Rue Grégoire Schouppe, ℂ 720158

Rosport

PLZ: L-6406

ℹ Syndicat d'Initiative et de Tourisme, Rue dela Sûre 7a, ℂ 730336

△ Camping du Barrage, Route d'Echternach, ℂ 730160

Langsur

PLZ: D-54308; Vorwahl: 06501

ℹ Deutsch-Luxemb. Tourist Information, Moselstr. 1, ℂ 602666

H Langsurer Mühle, Wasserbilliger Str. 5, ℂ 94010, III

Gh Moselstuben, Moselstr. 36, ℂ 608031, III-V

Igel

PLZ: D-54298; Vorwahl: 06501

ℹ Ferienregion Trierer Land, Moselstr. 1, 54308 Langsur, ℂ 602666

H Igeler Säule, Trierer Str. 41, ℂ 9261-0, IV-V

Pz Monzel, Trierer Str. 101, ℂ 16182, II

Pz Beck, Zum Waldeskühl 12a, ℂ 17192, II

△ Campingplatz Igeler Säule, in der Nähe des Sportplatzes, ℂ 12944

Trier-Zewen

PLZ: D-54294; Vorwahl: 0651

H Kugel, Kirchenstr. 17, ℂ 827730, II-III

H Rebenhof, Wasserbilliger Str. 34, ℂ 82717-0, II-III

H Ambiente, In der Acht 1-2, ℂ 82728-0, V

H Zewener Hof, Kantstr. 4, ℂ 8267700, III

P Scalla, Wasserbilliger Str. 32, ℂ 86441, II

Trier

PLZ: D-54290; Vorwahl: 0651

ℹ Tourist-Information Trier Stadt und Land e.V., Postfach 3830, ℂ 978080

H Mercure Porta Nigra, 54292, Porta-Nigra-Pl. 1, ℂ 2701-0, VI

H NH-Hotel, 54292, Zurmaiener Str. 164, ℂ 928-0, IV-VI

H Park Plaza, 54290, Nikolaus-Koch-Pl. 1, ℂ 99930, VI-VII

H Golden Tulip Trier, 54295, Metzer Allee 6, ℂ 93770, V

H Römischer Kaiser, 54292, Am Porta-Nigra-Pl. 6, ℂ 9770100, V-VII

H Zum Christophel, 54290, An der Porta Nigra, ℂ 9794200, V

H Primavera, 54290, Johannisstr. 16, ℂ 1455250, IV-V

H Robert Schuman Haus, 54293, Auf der Jüngt 1, ℂ 81050, V

H Penta Hotel Trier, 54290, Kaiserstr. 29, ℂ 9495-0, V

H Deutscher Hof, 54290, Südallee 25, ℂ 9778-0, V-VI

H Aulmann, 54290, Fleischstr. 47-48, ℂ 9767-0, V-VI

H Blesius Garten, 54295, Olewiger Str. 135, ℂ 3606-0, V-VI

H Nells Park, 54292, Dasbachstr. 12, ℂ 1444-0, V-VII

H Altstadthotel, 54290, Rindertanzstr. 1, ℂ 9770200, V-VI

H Römerbrücke, 54294, Aachener Str. 5, ℂ 8266-0, V-VI

H Villa Hügel, 54295, Bernhardstr. 14, ℂ 937100, V-VII

H Petrisberg, 54296, Sickingerstr. 11-13, ℂ 464-0, V

H Feilen-Wolff, 54294, Kölner Str. 22, ℂ 87001, V-VI

H Alte Villa, 54290, Saarstr. 133, ℂ 93812-0, V

H Ehranger Hof, 54293, Ehranger Str. 207, ℂ 66111, IV

H Pieper, 54292, Thebäerstr. 39, ℂ 23008, V

H Becker's, 54295, Olewiger Str. 206, ℂ 93808-0, V

H Am Ufer, 54292, Zurmaiener Str. 81-83, ℂ 1453970, V

H Frankenturm, 54290, Dietrichstr. 3, ℂ 97824-0, V

H Zum Sickinger, 54295, Karlsweg 2, ℂ 33204, III-IV

H Handelshof, 54290, Lorenz-Kellner-Str. 1, ℂ 73933, IV

H Constantin, 54290, St. Barbara-Ufer 1-2, ℂ 978570, IV-V

H Warsberger Hof, 54290, Dietrichstr. 42, ✆ 97525-0, II 🚭

Hg Monopol, 54290, Bahnhofspl. 7, ✆ 71409-0, IV-V

Hg Kessler, 54290, Brückenstr. 23, ✆ 97817-0, V-VI

Hg Paulin, 54292, Paulinstr. 13, ✆ 14740-0, V

Hg Casa Chiara, 54292, Engelstr. 8, ✆ 270730, V-VI

Hg Deutschherrenhof, 54290, Deutschherrenstr. 32, ✆ 97542-0, V

Hg Grund, 54292, Paulinstr. 7, ✆ 25939, IV-V

Hg Astoria, 54290, Bruchhausener Str. 4, ✆ 97835-0, V

Hg Weinhaus Haag, 54290, Am Stockpl. 1, ✆ 97575-0, V ⚑

Hg In der Olk, 54290, In der Olk 33, ✆ 41227, III 🚭

P Metzen, 54296, Wolkerstr. 2, ✆ 37575, II

P Rosi, Turmstr. 14, ✆ 87085, III

Pz Weyand, Pommernstr. 9, ✆ 33002, II ohne Frühstück/🚭

🏠 Hilles Hostel, 54295, Gartenfeldstr. 7, ✆ 7102785

🏠 Jugendgästehaus Trier, 54292, An der Jugendherberge 4, ✆ 146620

🏠 Warsberger Hof, 54290, Dietrichstr. 42, ✆ 97525-0

🏠 Gästehaus Europäische Sportakademie, 54292, Herzogenbuscher Str. 56, ✆ 146800

🏠 Jugendsportheim Waldstadion, Kockelsberger Weg 21, ✆ 86663

🏠 Camping- und Reisemobilpark Treviris, Luxemburger Str. 81, 54294, ✆ 8200911

Ortsteil Euren:
PLZ: D-54294

H Zur Post, Eurener Str. 190, ✆ 88774, IV-V

H Eurener Hof, Eurener Str. 171, ✆ 82400, V-VI

H Haus Marianne, Eurener Str. 190a, ✆ 810040, III

Hg Schütz, Udostr. 74, ✆ 88838, III-IV

Konz
PLZ: D-54329; Vorwahl: 06501

ℹ️ Saar-Obermosel-Touristik, Granastr. 22, ✆ 6018040

H Parkhotel Mühlentaler, Granastr. 26, ✆ 2157, III-IV ⚑

H Alt Conz, Gartenstr. 8, ✆ 93670, III-IV ⚑

H Schmidt-Lieblang, Bahnhofstr. 24, ✆ 3199, IV

H Römerstuben, Wiltinger Str. 25, ✆ 2075, IV ⚑

H Schons, Merzlicher Str. 8, ✆ 92960, III-IV

H Estricher Hof, B 51 zwischen Konz und Trier, 54296, ✆ 938040, V ⚑

P Luy, Am Berendsborn 20, ✆ 99404, II-III

Pz Lauter, Am Brauneberg 5, ✆ 5546 o. 3842, II

Pz Thul, Ernst-Reuter-Str. 7, ✆ 15894, II 🚭

Pz Haus Wassermann, Saarstr. 23-24, ✆ 3345, II 🚭

⛺ Campingplatz, Am Moselufer 1, ✆ 2577

Ortsteil Könen:
P Kugel, Saarburger Str. 28, ✆ 17644, IV ⚑

P Weier, Könener Str. 14, ✆ 17800, II

Pz Hettinger, Auf Tommet 19, ✆ 17821, II

Pz Horsch, Könener Str. 36, ✆ 17571, III

Pz Zur Post, Könener Str. 3, ✆ 17575, II

⛺ Campingplatz Konz-Könen, Könenerstr. 36, ✆ 17571

Ortsteil Obermennig/Tälchen:

H Menninger Euchariusberg, Am Großschock 7, ✆ 13362, III

Ortsteil Tawern:
Gh Beim Theis, Trierer Str. 22, ✆ 99650, II-III

P Harig, Fellericher Str. 8, ✆ 17107, I-II

Pz Weingut St. Margarethenhof, Mannebacher Str. 2, ✆ 16594, II

Pz Scheidt, Römerstr. 40, ✆ 17824, I 🚭

Kanzem
PLZ: D-54459; Vorwahl: 06501

ℹ️ Saar-Obermosel-Touristik, Granastr. 22, 54329 Konz, ✆ 6018040

Pz Peifer, Wiesenstr. 6, ✆ 16541, I-II 🚭

Wiltingen
PLZ: D-54459; Vorwahl: 06501

ℹ️ Saar-Obermosel-Touristik, Granastr. 22, 54329 Konz, ✆ 6018040

H Haus am Scharzberg, Zum Neuberg 14, ✆ 16710, III

Gh Kratz, Bahnhofstr. 55, ✆ 604678, II

P Rosi's Weinstube, Bahnfostr. 77a, ✆ 16418, II

P Haus Grün, Rosenbergstr. 130a, ✆ 16433, II

Wawern
PLZ: D-54441; Vorwahl: 06581

ℹ️ Saar-Obermosel-Touristik, Granastr. 22, 54329 Konz, ✆ 06501/6018040

P Tobiashaus, An der B 51, ✆ 1567, III

Schoden
PLZ: D-54441; Vorwahl: 06581

ℹ️ Saar-Obermosel-Touristik, Graf-Siegfried-Str. 32, 54439 Saarburg, ✆ 995980

Gh Bidinger, Klosterstrasse 30, ✆ 99260, III

Ayl
PLZ: D-54441; Vorwahl: 06581

ℹ️ Saar-Obermosel-Touristik, Graf-Siegfried-Str. 32, 54439 Saarburg, ✆ 995980

H Weinhaus Ayler Kupp, Trierer Strasse 49, ✆ 3031, IV-V

Gh Wein-Gaststube Wirz, Neustrasse 2, ✆ 4105, III

Gh Zum alten Fritz, Biebelhausener Strasse 25, ✆ 2425, III

P Weingut Eilenz, Im Wiegenthal 12, ✆ 3433, III

P Ferienweingut Raevenhof, Im Brühl 24, ✆ 3668, III

P Kiefer, Wiesenweg 11, ✆ 7169, II

Ockfen
PLZ: D-54441; Vorwahl: 06581

ℹ️ Saar-Obermosel-Touristik, Graf-Siegfried-Str.

32, 54439 Saarburg, ✆ 995980
H Klostermühle, Hauptstrasse 1, ✆ 92930, IV-V
Gh Weinhaus Gasthauer, Klosterstrasse 2, ✆ 993839, III
P Haus Giesela, Weinbergstr. 13, ✆ 1629, II
P Biewer, Herrenbergstr. 19, ✆ 4043, II

Saarburg
PLZ: D-54439; Vorwahl: 06581
🛈 Saar-Obermosel-Touristik, Graf-Siegfried-Str. 32, ✆ 995980
H Saarburger Hof, Graf-Sigfried-Str. 37, ✆ 92800, V
H Am Markt, Am Markt 10-12, ✆ 92620, IV-V
H Saarhotel Jungblut, Brückenstr. 4, ✆ 3616, V
H Auberge St. Laurentius, Kunohof 19, ✆ 91410, IV
H Saargau, Saargaustr. 18a, ✆ 3569, III
H Villa Keller, Brückenstr. 1, ✆ 92910, V-VI
H Saar-Galerie, Heckingstr. 12-14, ✆ 92960, V
H Wirtshaus Zum Pferdemarkt, Zum Pferdemarkt 3, ✆ 993913, IV-V
P Haus Leuk, Graf-Siegfried-Strasse 125, ✆ 6782, II
P Haus Bergsonne, Hubertusstrasse 56, ✆ 3132, II
P Kunoweiher Hof, Auf der Scheib 1, ✆ 3171, II
P May-Bourgeois, Hubertusstr. 90, ✆ 5527, II
P Fehr, Saarblick 4a, ✆ 2494, II
P Haase, Im Staden 104, ✆ 2759, II
P Schäfer, Erdenbach 19, ✆ 4100, II
P Schons, Serriger Str. 26, ✆ 3745, II

P Das Gänsehaus, Leuker Bungert 17, ✆ 95082, II
P Schneider, Ritzlerstr. 6, ✆ 1236, II
P Zur schönen Aussicht, Hubertusstrasse 66, ✆ 2803, II
🏠 Jugendherberge Saarburg, Bottelter Str. 8, ✆ 2555
⛺ Campingplatz, Landal Green Parks Warsberg, In den Urlaub, ✆ 91460
⛺ Campingplatz Waldfrieden, Im Fichtenhein 4, ✆ 2255
⛺ Campingplatz Leukbachtal, ✆ 2228

Irsch
PLZ: D-54451; Vorwahl: 06581
🛈 Saar-Obermosel-Touristik, Graf-Siegfried-Str. 32, 54439 Saarburg, ✆ 06581/995980
Gh Brunnenhof, Saarburger Strasse 53-55, ✆ 2672, II

Trassem
PLZ: D-54441; Vorwahl: 06581
🛈 Saar-Obermosel-Touristik, Graf-Siegfried-Str. 32, 54439 Saarburg, ✆ 06581/995980
H St. Erasmus, Kirchstrasse 6a, ✆ 9220, IV
H Haus Jochem, Brückenstrasse 2a, ✆ 2520, II
H Schau ins Land, Saarburger Strasse 83, ✆ 2651, III

Serrig
PLZ: D-54451; Vorwahl: 06581
🛈 Saar-Obermosel-Touristik, Graf-Siegfried-Str. 32, 54439 Saarburg, ✆ 06581/995980
P Thiel, Hauptstraße 54, ✆ 06581/6150
P Wender, Seiftweg 14, ✆ 95746, II
P Zimmer, Domänenstr. 21, ✆ 3338, II

Taben-Rodt
PLZ: D-54441; Vorwahl: 06582
🛈 Saar-Obermosel-Touristik, Graf-Siegfried-Str. 32, 54439 Saarburg, ✆ 06581/995980
H Rodter Eck, Hauptstrasse 37, ✆ 91510, III
P Brittnacher, Hauptstrasse 24, ✆ 833, II
P Gansemer, Hauptstr. 57, ✆ 7569, II
P Grub, Kirchstr. 9, ✆ 607, II

Freudenburg
PLZ: D-54441; Vorwahl: 06582
H Zum König Johann, Burgstrasse 2, ✆ 257, II

Saarhölzbach
PLZ: D-66693; Vorwahl: 06864
Pz Barbian, Bachstr. 30, ✆ 1728, II-IV
Pz Weber, Antoniusstr. 35, ✆ 1219, II-IV
⛺ Jugendzeltplatz Saarhölzbach, ✆ 7936

Mettlach
PLZ: D-66693; Vorwahl: 06864
🛈 Saarschleifetouristik, Freiherr-von-Stein-Str. 64, ✆ 8334
H Saarpark, Bahnhofstrasse 31, ✆ 9200, VI
H Zum Schwan, Freiherr-von-Stein-Strasse 34, ✆ 91160, V
H Zur Post, Heinertstrasse 17, ✆ 557, III

H Saarblick, Freiherr-vom-Stein-Strasse 14, ✆ 2030, V
Hg Schons, v.-Boch-Liebig-Strasse 1, ✆ 1214, V-VI

Orscholz
PLZ: D-66693; Vorwahl: 06865
🛈 Saarschleifetouristik, 66689 Mettlach, Freiherr-von-Stein-Str. 64, ✆ 06864/8334
H Zur Saarschleife, Cloefstrasse 44, ✆ 179-0, V
P Landhaus Cloef, Cloefstrasse 43a, ✆ 1790, VI
P Dreiländereck, Schmiedewäldchen 13, ✆ 91070, III
P Zum Orkelsfels, Zum Orkelsfels 10, ✆ 8409, IV

Dreisbach
PLZ: D-66693; Vorwahl: 06868
🏠 Jugendherberge an der Saarschleife, Herbergsstrasse 1, ✆ 270

Besseringen
PLZ: D-66663; Vorwahl: 06861
🛈 Fremdenverkehrsverein, Bezirksstr. 103, ✆ 780243
H Haus Waldeck, Am Sonnenwald 42, ✆ 2670, III
P Zum Sonnenwald, Zum Sonnenwald, ✆ 93420, IV
Pz Leistenschneider, Zum Kreimertsberg 36, ✆ 6306, II
Fw Christel Lorenz, Farnweg 4, ✆ 89617

Merzig
PLZ: D-66663; Vorwahl: 06861

ℹ Fremdenverkehrsamt, Poststr. 12, ☎ 72120
H Römer, Schankstr. 2, ☎ 93390, V ♿
H Merll-Rieff, Schankstr. 27, ☎ 939520, III-IV
Gh Schmitt, Schillerstr. 1, ☎ 2900, II
⛺ Campingplatz Kanuheim, Alter Leinpfad,
   ☎ 91692

Weiler:
H Laux, Perler Str. 8, ☎ 06869/210, III ♿

Schwemlingen:
Gh Kerber, Luxemburger Str. 19, ☎ 2163, III
Pz Biehl, Rodenackerstr. 5, ☎ 89126, I

Hilbringen:
P Siebert, Merziger Str. 24, ☎ 2064, II

Harlingen:
Pz Heintz, Herrenwies 30, ☎ 75078, II
Pz Sander, Oberstwies 31, ☎ 5245, II

Büdingen:
Pz Hoffmann, Zum Saargau 5, ☎ 06869/1076, II
Pz Licht, Zum Saargau 4, ☎ 06869/1725, II

Dillingen
PLZ: D-66763; Vorwahl: 06831
ℹ Kulturamt Dillingen, Merziger Str., ☎ 709240
H Bawelsberger Hof, Dillinger Str. 5a, ☎ 769990, V
H Weingarth, Dillinger Str. 8, ☎ 127180, IV
H Meilchen, Hüttenwerkstr. 31, ☎ 9098200, III-IV ♿
H Saarland-Hotel-König, Göbenstr. 1, ☎ 9050, III

Saarlouis
PLZ: D-66740; Vorwahl: 06831
ℹ Touristinformation, Grosser Markt 1, ☎ 443263
H Zur Post, Gartenstr. 14, ☎ 80368, III
H Altes Pfarrhaus, Hauptstrasse 2-4, ☎ 6383, VI ♿
H Panorama, Bahnhofsstr. 4, ☎ 9800, V ♿
H Park Hotel, Ludwigstrasse 23, ☎ 488810, V ♿
H Akzent Hotel Posthof, Postgässchen 5-10, ☎ 9496-0, V
H Ratskeller, Kleiner Markt 7, ☎ 2090, V
H Zur Linde, Überherrner Strasse 2, ☎ 94450, IV-V
H Hennrich, Rodener Strasse 56, ☎ 98130, IV
H Steinrausch, Kurt-Schumacher-Allee 29, ☎ 80025, III-IV
H Reiter, Zur Saarmühle 1, ☎ 98940, IV
H Zur Post, Gartenstr. 14, ☎ 80368, III
Pz Schmidmeier, Oberhöllen 12, ☎ 86398, II
Pz Haffner, Oberhöllen 18, ☎ 81886, II
Pz Putze, Schulstrasse 46, ☎ 86699, V

Schwalbach
PLZ: D-66773; Vorwahl: 06834
H Mühlenthal, Bachtalstr. 214, ☎ 95590, ♿

Völklingen
PLZ: D-66333; Vorwahl: 06898
ℹ Tourist-Info im Alten Bahnhof, ☎ 21100
H Parkhotel Gengenbach, Kühlweinstrasse 70, ☎ 914700, V
H Saarhof, Saarbrücker Strasse 65, ☎ 37239, IV-V
H Kurtz, Kühlweinstrasse 19, ☎ 26311, IV
H Warndtperle, Völkinger Strasse 118-122, ☎ 42511, IV
H Altes Haus, Zur Turnhalle 2a, ☎ 24553, IV
🏛 Naturfreundehaus Völklingen-Mitte, Am Freibad, ☎ 25317 ♿

Geislautern
PLZ: D-666333; Vorwahl: 06898
Hg Gästehaus Irene, Im Kirchfeld 16, ☎ 78140, V-VI

Karlsbrunn
PLZ: D-66352; Vorwahl: 06809
H Warndthotel Waibel, Auterbacher Str. 2, ☎ 99400, V

Überherrn
PLZ: D-66802; Vorwahl: 06836
H Linslerhof, Linslerhof 1, ☎ 8070, VII
⛺ Campingplatz am Freibad, ☎ 92194

Felsberg
PLZ: D-66802; Vorwahl: 06837
H Felsberger Hof, Metzer Str. 117, ☎ 90000, V ♿

Bisten
PLZ: D-66802; Vorwahl: 06836
Pz Gillo, Am Wald 46, ☎ 4571, II-IV
Pz Klein, Mertener Str. 73, ☎ 5693, II-IV

Berus
PLZ: D-66802; Vorwahl: 06836
H Margaretenhof, Orannastraße, ☎ 2010, IV

H Alt Berus, Sanders Rotisserie, An der Port 7, ☎ 2700, III-V
P Zum schönen Zweig, Orannastr. 16, ☎ 2858, III-V
P Schwab, Am Wald 7, ☎ 2481, V-VI
Pz Bederdorfer, Orannastr. 1, ☎ 5943, II-V
Pz Matschas, Orannastr. 6, ☎ 1263, II-IV
Pz Weißenborn, Kirchenstr. 2, ☎ 1285, II-IV

Büschdorf
PLZ: D-66706; Vorwahl: 06868
ℹ Tourist-Information des Landkreises Saarlouis, Kaiser-Wilhelm-Str. 3, ☎ 06831/444488
Pz Schumacher, Auf der Heide 14, ☎ 766

Hemmersdorf
Gh Gellenberg, Niedaltdorfser Str. 25, ☎ 328, III

Perl
PLZ: D-66706; Vorwahl: 06867
ℹ Gemeindeverwaltung, Trierer Str. 28, ☎ 660
H Greiveldinger, Bergstr. 1-3, ☎ 271, IV
H Hammes, Hubertus-v.-Nell-Str. 15, ☎ 91030, IV, ♿
Hg Residence, Hubertus-von-Nell-Str.19, ☎ 911910, V
Pz Haus Görg, Bahnhofstr. 10, ☎ 5455, II
Pz Klein, Trierer Str. 13, ☎ 5205, II ♿

Ortsindex

Einträge in *grüner Schrift* beziehen sich aufs Übernachtungsverzeichnis.

A
Aboncourt	44
Altroff	44
Alzingen	51, *106*
Antilly	43
Assenoncourt	25
Ayl	*109*

B
Bech	*107*
Beidweiler	58
Bertrange	
Berus	96, *111*
Besseringen	81, *110*
Bettelainville	44
Biringen	100
Bisten	96, *111*
Blanche	26
Borg	102
Bousse	
Buding	45
Büdingen	*111*
Burmerange	47
Büschdorf	102, *111*

C
Chambrey	30
Chateau Salin	*105*
Coin-les Cuvry	
Consdorf	59, *107*
Contz-les-Bains	46
Corny-sur-Moselle	34
Coutures	
Craincourt	30

D
Delme	30, , *105*
Desseling	24
Dieuze	26
Dillingen	84, *111*
Dreisbach	*110*

E
Echternach	60, *107*
Eft	102
Eglise	26
Ellange	51
Ernster	56
Euren	*109*

F
Felsberg	*111*
Fey	, 34
Féy	*105*
Filsdorf	51
Fleury	
Foville	30
Fresnes-en-Saulnois	
Fresnes-en Saulnois	
Freudenburg	*110*
Fribourg	24
Fürweiler	100

G
Gandren	47
Geislautern	92, *111*
Gélucourt	25
Gonderange	57, *107*
Gremecey	30
Großbliedderstroff	19
Großrosseln	94
Guéblange	25

H
Hambach	*105*
Harlingen	*111*
Hassel	51
Hastroff	45
Hauconcourt	
Haute	46
Hemmersdorf	99
Hilbringen	*111*
Homburg-Budange	44, *105*

I
Igel	64, *108*
Illange	
Imeldange	
Irsch	*110*
Ittersdorf	98

J
Jallaucourt	30
Jouy-aux Arches	36
Juville	

K
Kanzem	*109*
Karlsbrunn	*111*
Karthaus	72
Kastel-Staadt	76
Kédange-sur-Canner	44, *106*
Kerlingen	99
Kleinblittersdorf	*105*
Koenigsmacker	45, *106*
Könen	*109*
Konz	72, *109*

L
Langsur	64, *108*
Lauterbach	94
Lemoncourt	, 30
Liocourt	
Louvigny	33

M
Mailly-sur-Seille	32
Malling	46
Marieulles	34
Marsal	28
Merzig	81, *110*
Mettlach	78, *110*
Metz	36, *105*
Mittersheim	23, *105*
Moersdorf	64
Moncheux	

O
Ockfen	*109*
Orscholz	*110*

P
Perl	47, 103, *111*
Pettoncourt	30
Phlin	32

R
Rammelfangen	99
Rehlingen	83
Remich	49, *106*
Ressaincourt	32
Rhodes	23, *105*
Rippig	58
Rodt	*110*

Luxemburg 52, 56, *106*

Römerbrücke 66
Rosport 63, *108*

S
Saarbrücken	16, 90, *104*
Saarburg	74, *110*
Saarhölzbach	77, *110*
Saarlouis	85, *111*
Sarralbe	23
Sarreguemines	19, *105*
Scheierberg	49
Schengen	47
Schloss Monaise	66
Schoden	*109*
Schwalbach	*111*
Schwemlingen	*111*
Sehndorf	103
Senningen	56
Serrig	76, *110*
Sierck-les-Bains	*106*
Sillegny	33
Silwingen	100
Solgne	
St.-Julien-lès-Metz	43
St. Jure	33
St. Matthias-Basilika	72
St. Nikolaus	94
Steinheim	62

T
Taben	1
Taben-Roth	
Tawern	1
Thionville	45, , 1
Trassem	1
Trier	68, 72,

U
Überherrn	95,

V
Verny	
Vezon	
Vic-sur-Seille	28,
Vigny	
Völklingen	87,
Völklingen-Wehrden	
Vulmont	

W
Wadgassen	
Wawern	
Weiler	
Wiltingen	
Wittring	

Z
Zetting	
Zewen	